북유럽
모티브
손뜨개
× × ×
완전판

HAZIMETE NO BOBARI AMI 1MAI DEMO TSUKAERU HOKUO NO MOYOAMI 100
HAZIMETE NO BOBARI AMI 1MAI DEMO TSUKAERU AMIKOMI HOKUO · HANA · BRITISH
by Apple mints
ⓒ Apple mints 2012 , 2013 Printed in Japan
Korean translation copyright ⓒ 2025 by JEUMEDIA
First published in Japan by Apple mints
Korean translation rights arranged with E&G CREATES
through Imprima Korea Agency.

이 책의 한국어판 저작권은 Imprima Korea Agency를 통해 E&G CREATES와의 독점계약으로 제우미디어에 있습니다.
저작권법에 의해 한국 내에서 보호를 받는 저작물이므로 무단전재와 무단복제를 금합니다.

핸드메이드
시크릿 레시피

쉽고 다양한 모티브 패턴

200

북유럽 모티브 손뜨개
× × ×
완전판

applemints 지음 | 남궁가윤 옮김

제우미디어

NOTHERN EUROPE MOTIF EXAMPLE

북유럽 모티브를 즐기는 법

한 장으로도, 여러 장을 조합해서도 사용할 수 있는
북유럽 모티브의 활용법을 소개합니다.

41 / 43 / 44 / 61-66   Photo ▶ P.58-59(41, 43, 44), P.70-71, 74(61-66)

다양한 무늬를 서로 이어 미니 사이즈의 무릎덮개로 만들어 보았어요.

59 / 53   Photo ▶ P.66(53), P.67(59)

두 가지 무늬를 조합하여 반복하면 멋진 목도리를 뜰 수 있어요.

73 / 75 / 93   Photo ▶ P.82(73, 75), P.91(93)

단순한 쿠션 커버가 멋진 북유럽 소품으로 변신!

84 / 87　Photo ▶ P.86-87

10cm 모티브는 컵받침으로 안성맞춤!

32 / 30　Photo ▶ P.51

민무늬 가방에 브레이드를 붙여서 예쁘게 리메이크 해 보세요.

4 / 2　Photo ▶ P.38

머플러의 양 끝에만 무늬를 떠 넣어도 GOOD!

79　Photo ▶ P.83

모양 브레이드는 덧칼라로 이용해도 세련되어 보이죠.

42 Photo ▶ P.58
털실 방울을 단 모티브는 티매트로 활용해 보세요.

12 Photo ▶ P.42
모티브 두 장을 꿰매서 미니 파우치로도 활용할 수 있어요.

80 Photo ▶ P.83
무릎담요의 가장자리에 나뭇잎이 나란히 이어진 에징을 달아 따스한 온기를 더해 보세요.

83 / 81 / 88 Photo ▶ P.86(83, 81), P.87(88)
다채로운 페어아일 무늬는 액자에 넣어서 장식해도 멋져요.

BRAIDED MOTIF EXAMPLE

한 장으로도, 여러 장을 조합해서도 사용할 수 있는 멋진 모티브의 활용법을 소개합니다.

147-150 / 155-157 / 160-162　Photo ▶ P.140(147~150), P.144(155~157), P.145(160~162)

마음에 드는 북유럽 모티브를 이어 다용도 커버를 만들었어요.

195 / 196　Photo ▶ P.168

모티브를 손목에 맞게 원통 모양으로 뜨면
따뜻하고 세련된 암워머가 되지요.

125　Photo ▶ P.125

천가방에 브레이드를 달아 예쁘게 리메이크해 보세요.

108 / 144　Photo ▶ P.116(108), P.137(144)
두 가지 무늬를 조합하여 깜찍한
미니 머플러를 만들었어요.

141　Photo ▶ P.136
따스해 보이는 주머니에 무엇을 넣을까요?

103　Photo ▶ P.113
15cm 모티브 두 장을 겹쳐서 만든
미니 백과 즐거운 외출을!

108 / 106 / 112 / 113 / 110
Photo ▶ P.116(106, 108), P.117(110, 112, 113)
여러개의 모티브를 나란히 달면 포근해
보이는 인테리어 장식이 된답니다.

101　Photo ▶ P.112
마음에 드는 모티브 한 장을 액자에 넣어
장식해도 멋지죠.

119　Photo ▶ P.121
꽃무늬 에징으로 장식한 1인용 식탁매트로
특별한 간식 타임을!

165 Photo ▶ P.149
브레이드를 고리에 끼우고 빠지지 않게
위쪽을 꿰매면 멋진 열쇠고리가 됩니다.

198 / 199 / 176 Photo ▶ P.169(198, 199), P.156(176)
밋밋한 쿠션에 아가일 & 타탄 체크 모티브를 달아
포인트를 주었어요.

125 / 117 / 122 Photo ▶ P.121(117), P.125(122, 125)
세 가지 무늬를 조합하여 단정하고도 귀여운
단색 머플러를 떴어요.

168 Photo ▶ P.149
길게 뜬 브레이드 뒷면에 그로그랭
리본을 붙여 벨트로도 활용해 보세요.

121 / 111 Photo ▶ P.117(111), P.124(121)
한 장의 모티브도 멋진 티매트와 컵받침이 됩니다.

197 Photo ▶ P.169
브레이드를 접어 고무줄과 함께 리본으로
감으면 예쁜 헤어 액세서리로 변신!

Contents
Chapter 1

PART 1
노르딕 무늬 …… 38

PART 2
아란 무늬 …… 62

PART 3
페어아일 무늬 …… 86

LESSON

BASIC LESSON	대바늘뜨기 기초 …… 14
	뜨개도안 보는 법 …… 14
	무늬 1개를 활용하는 법 …… 14
	이 책에서 사용하는 기초코 …… 15
	뜨개코 기호 …… 16
	그 외의 기초 Index …… 22
POINT LESSON	모티브 잇는 법 …… 24
POINT LESSON 9	배색무늬 뜨는 법 / 걸치는 실을 감싸며 뜨는 법 …… 26/27
POINT LESSON 66	돌려뜨기 / 돌려 안뜨기 …… 29
POINT LESSON 공통 기초	돌려뜨기로 코 늘리기 …… 30
POINT LESSON 76	돌려뜨기로 코 늘리기(2코 늘리기) …… 31
POINT LESSON 66	왼코 위 돌려 교차뜨기(아래쪽 안뜨기) / 오른코 위 돌려 교차뜨기(아래쪽 안뜨기) …… 32
POINT LESSON 80	오른코 늘려 안뜨기 …… 33
POINT LESSON 공통 기초	마무리하기 …… 33
POINT LESSON 49	3코 만들기 / 왼코 겹쳐 3코 모아뜨기 …… 34
POINT LESSON 50	블랙베리 뜨는 법 – 3코 만들기 …… 35
POINT LESSON 79	버블 뜨는 법 – 5코 만들기 …… 36

Contents
Chapter 2

PART 1
꽃 112

PART 2
북유럽 132

PART 3
아가일 &
타탄 체크 156

LESSON

POINT LESSON 141	모티브 뜨기 시작하는 법(가터뜨기) ····· 99
	배색무늬 뜨는 법(실을 가로로 걸치는 방법) ····· 100
POINT LESSON 185	배색무늬 뜨는 법(실을 세로로 걸치는 방법) ····· 103
	배색무늬 실 처리하는 법 ····· 106
	메리야스자수 하는 법(사선 방향으로 수놓기) ····· 107
POINT LESSON 103	메리야스자수 하는 법(세로로 수놓기) ····· 108
POINT LESSON 157	버블뜨기 하는 법(모아뜨기) ····· 109
POINT LESSON 197	배색실 바꾸는 법 ····· 110
	세로 선 넣는 법 ····· 110

Basic Lesson
대바늘뜨기 기초

뜨개도안 보는 법 뜨개도안은 모두 겉쪽에서 본 상태로 표시한다. 대바늘뜨기의 왕복뜨기에서는 기본적으로 홀수 단은 뜨개조직 겉쪽을 보고 뜨며, 뜨개도안을 오른쪽에서 왼쪽으로 따라가며 뜬다. 짝수 단은 뜨개조직 안쪽을 보고 뜨며, 뜨개도안의 왼쪽에서 오른쪽으로 따라가며 뜨되 반대 방법으로 뜬다(예를 들어, 뜨개도안의 겉뜨기 표시는 안뜨기로 뜨고, 안뜨기 표시는 겉뜨기로 뜬다. 돌려뜨기 표시는 돌려 안뜨기로 뜬다). 이 책에서는 기초코가 첫째 단이 된다.

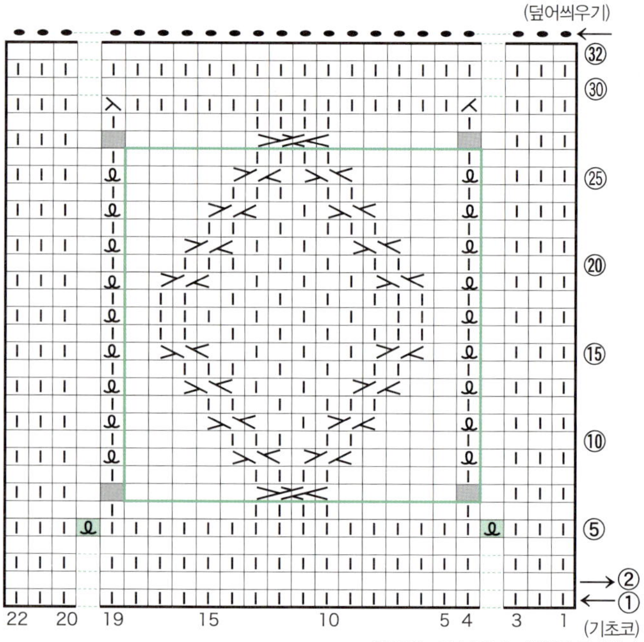

- □ = − 안뜨기(빈칸은 안뜨기)를 한다
- ℚ = 돌려뜨기로 코 늘리기(P.30 참조)
- ℚ = 돌려뜨기(P.29 참조)
- ┈ = 계속해서 뜬다
- 초록 테두리 = 1무늬 15코 20단
- 회색칸 = 코바늘 3/0호

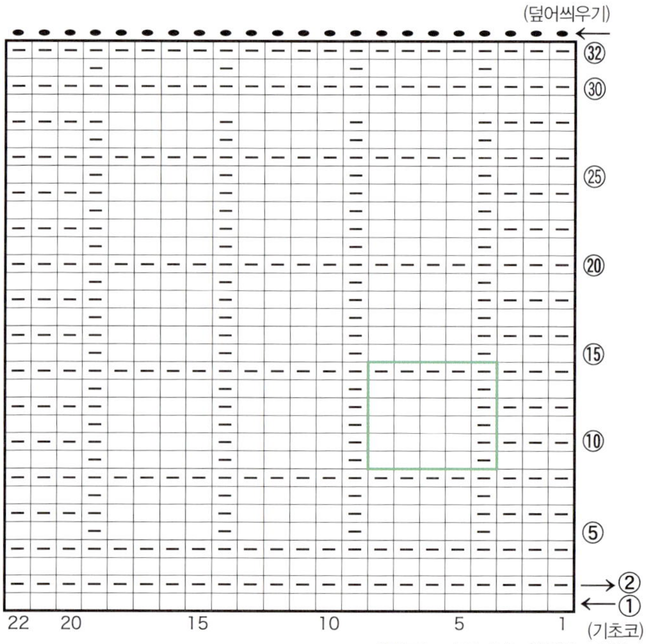

※화살표는 떠 나가는 방향을 표시한다

- □ = │ 겉뜨기(빈칸은 겉뜨기)를 한다
- 초록 테두리 = 1무늬 5코 6단

※ 홀수 단은 뜨개조직 겉쪽을 보고 뜬다. 짝수 단은 안쪽을 보고 뜨개도안과 반대인 코로 뜬다. 단, 작품에 따라서는 홀수 단이 안쪽, 짝수 단이 겉쪽인 것도 있으므로, 화살표 방향을 잘 보고 뜬다.

♦♦♦ 무늬 1개를 활용하는 법 이 책에서는 무늬가 되풀이되며 만들어지는 작품에 대해서는 위의 도안처럼 무늬 1개분을 굵은 테두리□로 표시한다. 무늬 1개를 자신의 취향에 맞는 길이와 너비가 될 때까지 되풀이하여 떠서 연속무늬 작품을 즐길 수도 있다.

위의 뜨개도안으로 뜬 작품

위의 뜨개도안 두 종류를 옆으로 잇고, 무늬 1개분을 되풀이하여 뜬 연속무늬 목도리

이 책에서 사용하는 기초코

첫 코 만드는 법

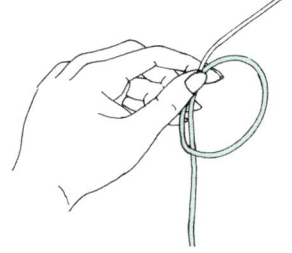

1 실 끝에서부터 완성 너비의 약 3배 위치에 고리를 만든다.

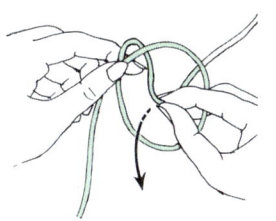

2 오른손 엄지손가락과 집게손가락을 고리 안으로 넣어서 실을 끌어낸다.

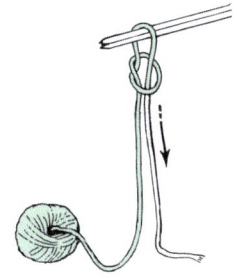

3 끌어낸 실에 바늘 2개를 끼우고 실 끝을 당겨서 매듭을 조인다. 이것이 첫 코가 된다.

기초코 (첫째 단)

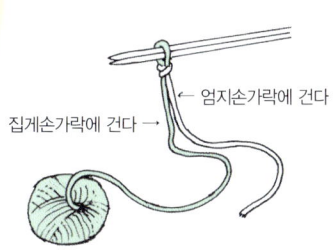

1 첫 코가 완성되면, 실타래 쪽을 왼손 집게손가락에, 실 끝 쪽을 엄지손가락에 건다.

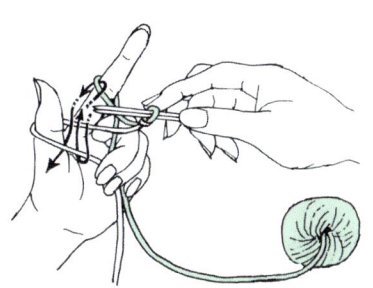

2 바늘을 화살표처럼 움직여서 바늘에 실을 건다.

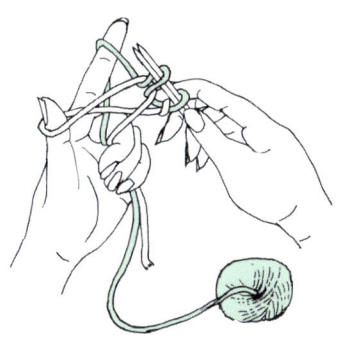

3 엄지손가락에 걸린 실을 가만히 벗긴다.

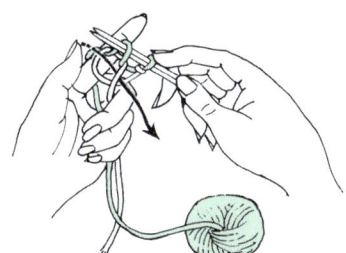

4 엄지손가락을 화살표처럼 넣어서 실을 걸고, 바깥쪽으로 당겨서 조인다.

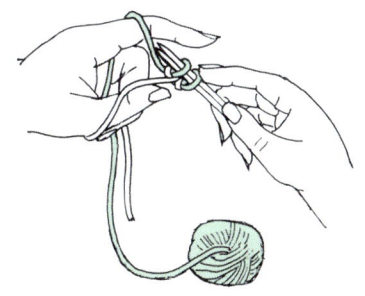

5 두 번째 코 완성. 세 번째 코부터는 2~4의 요령으로 만든다.

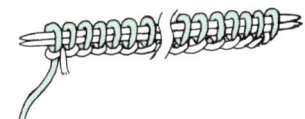

6 기초코(첫째 단) 완성. 대바늘 1개를 빼서 그 뒤부터 그 바늘 1개로 뜬다.

Basic Lesson

❖❖❖ 뜨개코 기호

｜ 겉뜨기	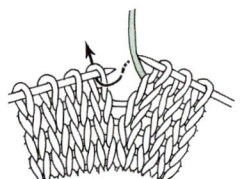 1 실을 뒤쪽에 두고, 오른쪽 바늘을 화살표처럼 앞쪽에서 넣는다.	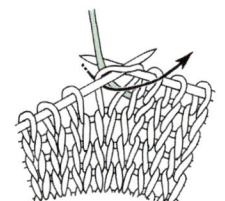 2 오른쪽 바늘에 실을 걸고 화살표처럼 실을 앞으로 끌어낸다.	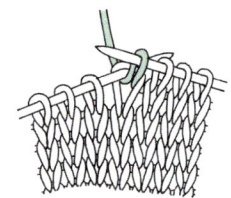 3 오른쪽 바늘로 실을 끌어낸 다음에 왼쪽 바늘을 뺀다.	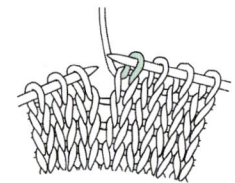 4 겉뜨기 완성.
━ 안뜨기	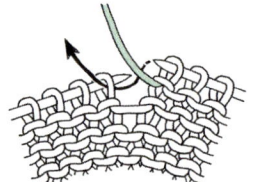 1 실을 앞쪽에 두고, 오른쪽 바늘을 화살표처럼 뒤쪽에서 넣는다.	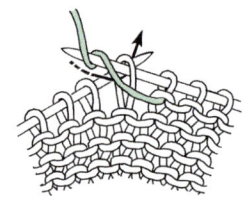 2 그림과 같이 실을 걸고 화살표처럼 실을 뒤로 끌어낸다.	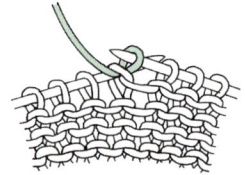 3 오른쪽 바늘로 실을 끌어낸 다음에 왼쪽 바늘을 뺀다.	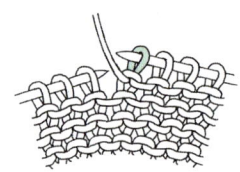 4 안뜨기 완성.
○ 걸기코 (바늘비우기)	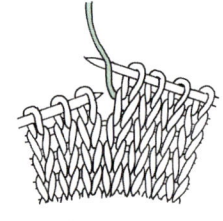 1 실을 앞쪽에 둔다.	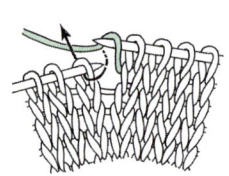 2 오른쪽 바늘에 그림과 같이 앞쪽에서부터 실을 걸고, 다음 코에 화살표처럼 오른쪽 바늘을 넣어서 뜬다.	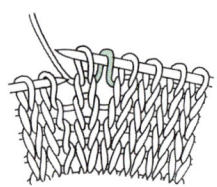 3 걸기코 1코, 겉뜨기 1코를 뜬 모습.	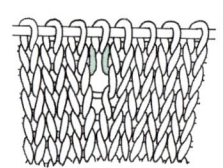 4 다음 단을 뜬 모습. 걸기코 자리에 구멍이 나고 1코 늘어난다.
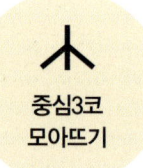 **중심3코 모아뜨기**	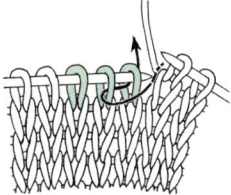 1 왼쪽 바늘에 걸린 2코에 화살표처럼 바늘을 넣어서, 뜨지 않고 오른쪽 바늘로 옮긴다.	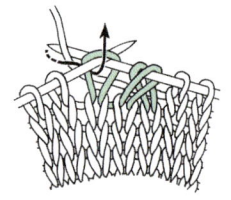 2 세 번째 코에 바늘을 넣고 실을 걸어서 겉뜨기를 한다.	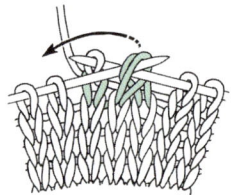 3 1에서 옮긴 2코에 왼쪽 바늘을 넣고, 화살표처럼 왼쪽의 1코에 덮어씌운다.	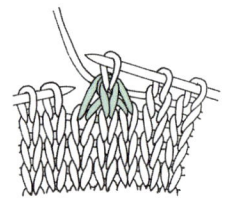 4 중심3코 모아뜨기 완성.

대바늘뜨기 기초

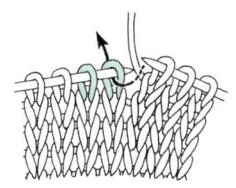 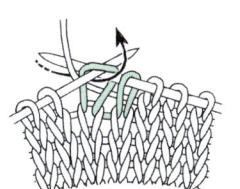 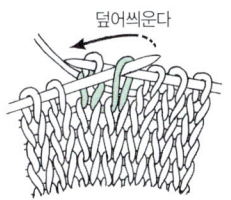 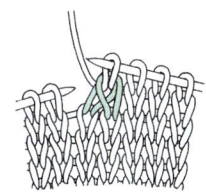

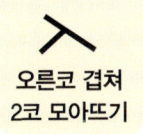
오른코 겹쳐 2코 모아뜨기

1 화살표처럼 오른쪽 바늘을 앞쪽에서 넣어, 뜨지 않고 오른쪽 바늘로 옮겨서 코 방향을 바꾼다.

2 왼쪽 바늘의 다음 코에 오른쪽 바늘을 넣고, 실을 걸어서 겉뜨기를 한다.

3 1에서 오른쪽 바늘로 옮긴 코에 왼쪽 바늘을 넣고, 화살표처럼 왼쪽의 코에 덮어씌운다.

4 오른코 겹쳐 2코 모아뜨기 완성.

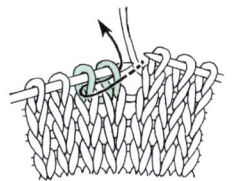 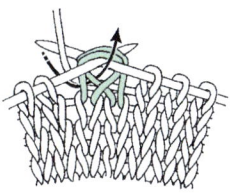 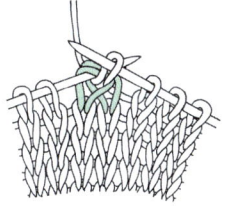 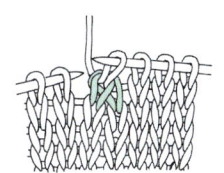

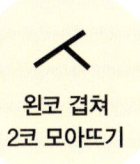
왼코 겹쳐 2코 모아뜨기

1 화살표처럼 2코의 왼쪽에서 한 번에 바늘을 넣는다.

2 화살표처럼 실을 걸어서 2코를 한 번에 뜬다.

3 오른쪽 바늘로 실을 끌어낸 다음에 왼쪽 바늘을 뺀다.

4 왼코 겹쳐 2코 모아뜨기 완성.

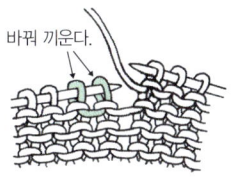  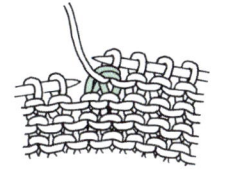 

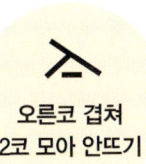
오른코 겹쳐 2코 모아 안뜨기

1 왼쪽 바늘의 끝에 걸린 2코를 오른쪽 코가 앞으로 오도록 순서를 바꿔 바늘에 끼운다.

2 화살표처럼 바늘을 넣고, 실을 걸어서 2코를 한 번에 뜬다.

3 오른코 겹쳐 2코 모아 안뜨기 완성.

※ 왼쪽 바늘에 걸린 2코에 화살표처럼 바늘을 넣고 떠도 된다.

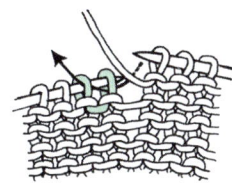 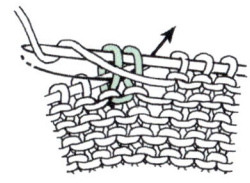 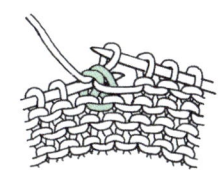 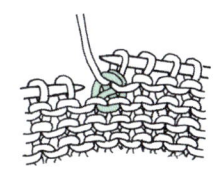

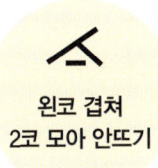
왼코 겹쳐 2코 모아 안뜨기

1 왼쪽 바늘의 2코에 화살표처럼 한 번에 바늘을 넣는다.

2 바늘에 실을 걸어서 화살표처럼 끌어낸다.

3 2코를 한 번에 안뜨기한 다음에 왼쪽 바늘을 뺀다.

4 왼코 겹쳐 2코 모아 안뜨기 완성.

Basic Lesson

❖❖❖ 뜨개코 기호

왼코 교차뜨기

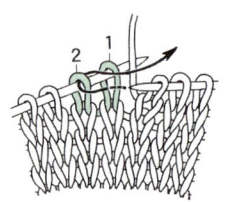
1 코1의 앞쪽에서 코2에 화살표처럼 바늘을 넣는다.

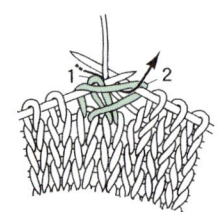
2 코2를 오른쪽으로 늘여서 실을 걸고 겉뜨기를 한다.

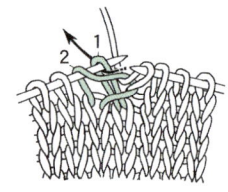
3 코2는 왼쪽 바늘에 건 채, 코1을 겉뜨기한다.

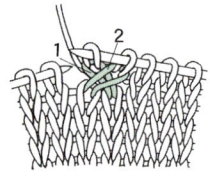
4 코2를 바늘에서 빼면 왼코 교차뜨기 완성.

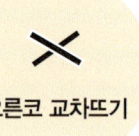
오른코 교차뜨기

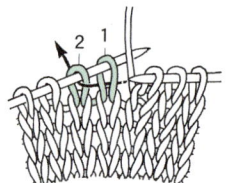
1 코1의 뒤쪽에서 코2에 화살표처럼 바늘을 넣는다.

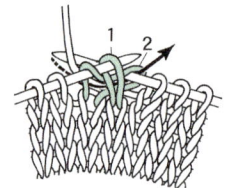
2 바늘에 실을 걸고 화살표처럼 끌어내어 겉뜨기를 한다.

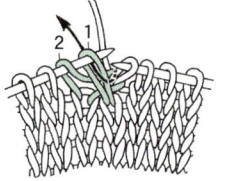
3 코2는 왼쪽 바늘에 건 채, 코1에도 화살표처럼 바늘을 넣어서 겉뜨기한다.

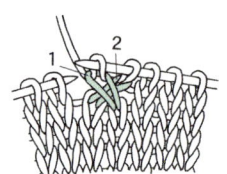
4 코2를 바늘에서 빼면 오른코 교차뜨기 완성.

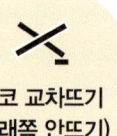
왼코 교차뜨기
(아래쪽 안뜨기)

1 실을 뒤쪽에 두고, 코2에 바늘을 넣는다.

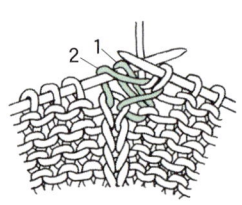
2 코2를 오른쪽으로 늘여서 실을 걸고 겉뜨기를 한다.

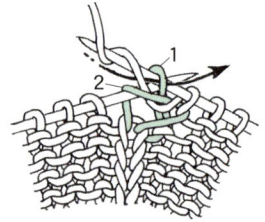
3 코2는 왼쪽 바늘에 건 채, 코1에 화살표처럼 바늘을 넣어서 안뜨기를 한다.

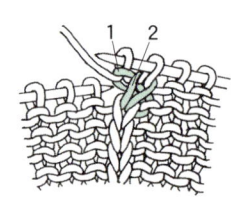
4 왼쪽 바늘을 빼면 왼코 교차뜨기(아래쪽 안뜨기) 완성.

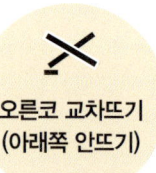
오른코 교차뜨기
(아래쪽 안뜨기)

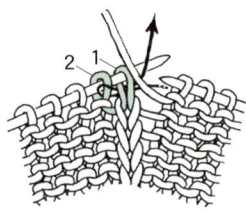
1 코1의 뒤쪽에서 코2에 바늘을 넣고 실을 건다.

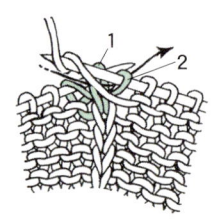
2 코2를 오른쪽으로 늘여서 안뜨기를 한다.

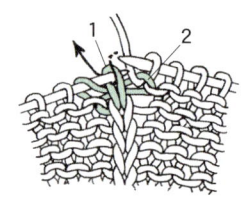
3 코2는 왼쪽 바늘에 건 채, 코1을 겉뜨기한다.

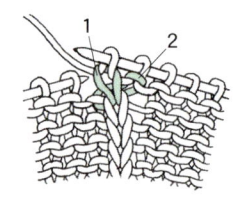
4 왼쪽 바늘의 코2를 빼면 오른코 교차뜨기(아래쪽 안뜨기) 완성.

대바늘뜨기 기초

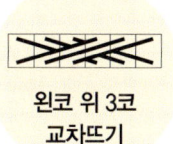
왼코 위 3코 교차뜨기

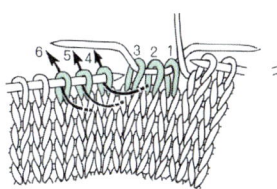
1 왼쪽 바늘의 3코를 다른 바늘로 옮겨, 뒤쪽에 쉬게 둔다. 네 번째 코에 오른쪽 바늘을 넣어서 겉뜨기를 한다.

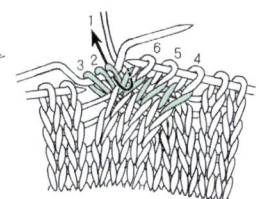
2 다섯 번째와 여섯 번째 코도 마찬가지로 겉뜨기한다.

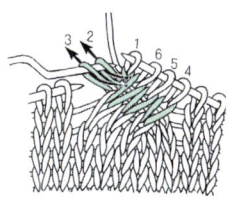
3 다른 바늘에 옮겨서 쉬게 둔 3코를 겉뜨기한다.

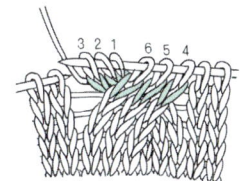
4 왼코 위 3코 교차뜨기 완성.

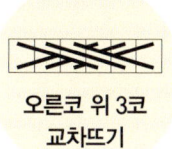
오른코 위 3코 교차뜨기

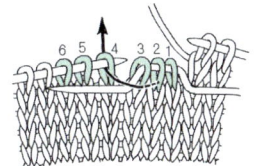
1 왼쪽 바늘의 3코를 다른 바늘로 옮겨, 앞쪽에 쉬게 둔다. 그리고 네 번째 코를 겉뜨기한다.

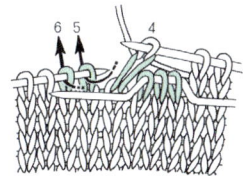
2 다섯 번째와 여섯 번째 코도 마찬가지로 겉뜨기한다.

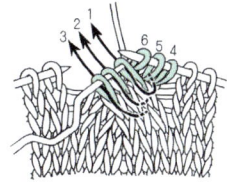
3 다른 바늘에 옮겨서 쉬게 둔 코1·코2·코3에 화살표처럼 바늘을 넣고 겉뜨기한다.

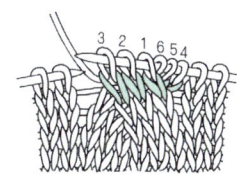
4 오른코 위 3코 교차뜨기 완성.

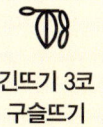
긴뜨기 3코 구슬뜨기

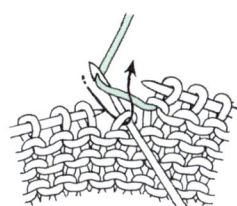
1 코바늘을 사용한다. 앞쪽에서 바늘을 넣고 실을 걸어서 끌어낸다.

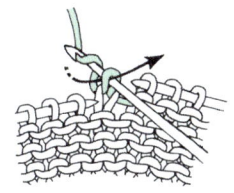
2 실을 걸고 사슬뜨기 2코를 뜬다.

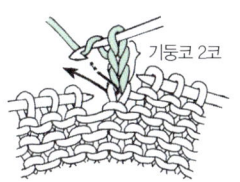
3 기둥코 2코 완성. 실을 걸고 화살표처럼 바늘을 넣은 다음에 실을 걸어서 끌어낸다.

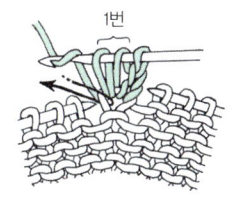
4 미완성 긴뜨기 1코를 뜬다.

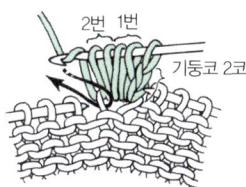
5 3과 마찬가지로 실을 걸어서 끌어내는 과정을 두 번 더 되풀이한다.

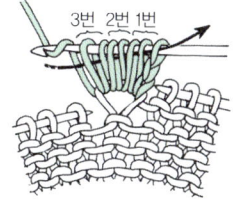
6 실을 걸어서 모든 코 안으로 한 번에 빼낸다.

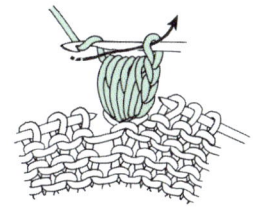
7 한 번 더 실을 걸어서 빼내어 조인다.

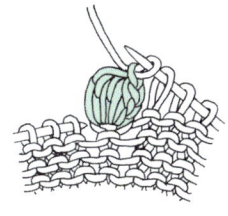
8 7에서 생긴 코를 오른쪽 바늘에 옮기면 긴뜨기 3코 구슬뜨기 완성.

Basic Lesson

대바늘뜨기 기초

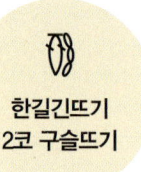
한길긴뜨기 2코 구슬뜨기

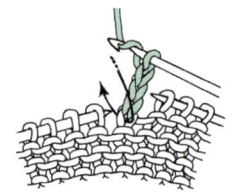
1 코바늘로 사슬뜨기 3코를 뜬 다음, 실을 걸고 화살표처럼 바늘을 넣은 뒤에 실을 걸어서 끌어낸다.

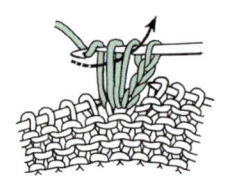
2 한 번 더 실을 걸고, 화살표처럼 고리 2개 안으로 빼낸다. 미완성 한길긴뜨기 1코 완성.

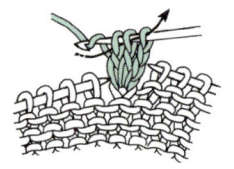
3 한 번 더 되풀이하여 미완성 한길긴뜨기가 2코가 된 뒤에 실을 걸어서 모든 코 안으로 빼낸다.

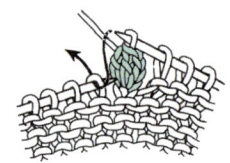
4 코바늘에서 오른쪽 대바늘로 옮기면 한길긴뜨기 2코 구슬뜨기 완성. 그 다음부터는 원래대로 뜬다.

덮어씌우기

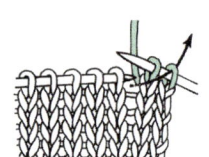
1 끝의 2코를 겉뜨기하고, 오른쪽 끝에 있는 코에 왼쪽 바늘을 화살표처럼 넣는다.

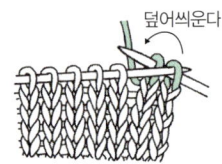
2 오른쪽 끝코를 옆의 코에 그림처럼 덮어씌운다.

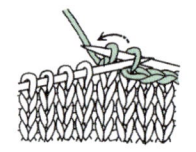
3 왼쪽 바늘의 코를 겉뜨기로 1코 뜨고, 오른쪽 바늘의 코를 덮어씌운다. 이 과정을 되풀이한다.

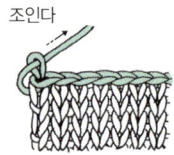
4 다 뜨고 마지막 코는 그림처럼 실 끝을 코에 통과시켜서 조인다.

Basic Lesson
코바늘뜨기 기초

실과 바늘 잡는 법

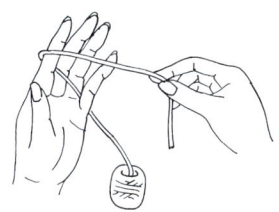
1 왼손 새끼손가락과 넷째 손가락 사이에서 실을 앞으로 빼서 집게손가락에 걸고 실 끝을 앞쪽으로 나오게 한다.

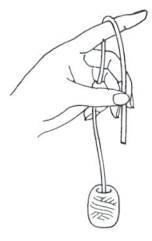
2 엄지손가락과 가운뎃손가락으로 실 끝을 잡고, 집게손가락을 세워서 실이 팽팽해지도록 한다.

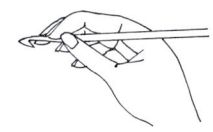
3 바늘은 엄지손가락과 집게손가락으로 잡고, 바늘에 가운뎃손가락을 살짝 갖다 댄다.

빼뜨기

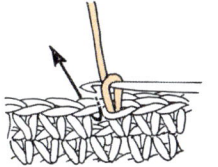
1 앞단 코에 바늘을 넣는다.

2 바늘에 실을 건다.

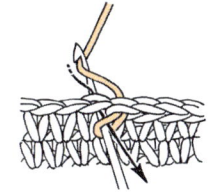
3 실을 한 번에 빼낸다.

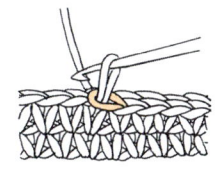
4 빼뜨기 1코 완성.

❖❖❖ 그 외의 기초 Index

돌려뜨기·돌려 안뜨기  ⋯ P.29

돌려뜨기로 코 늘리기 ⋯ P.30

돌려뜨기로 코 늘리기(2코 늘리는 방법) ⋯ P.31

왼코 위 돌려 교차뜨기(아래쪽 안뜨기) ⋯ P.32

오른코 위 돌려 교차뜨기(아래쪽 안뜨기) ⋯ P.32

오른코 늘려 안뜨기 ⋯ P.33

3코 만들기  ⋯ P.34

왼코 겹쳐 3코 모아뜨기 ⋯ P.34

걸러 안뜨기 ⋯ P.33

블랙베리 뜨는 법 ⋯ P.35

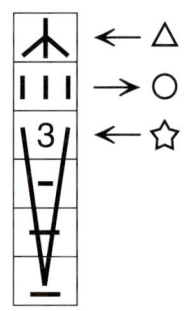

△ ←
→ ○
☆ ←

버블 뜨는 법(모아뜨기) ⋯ P.36

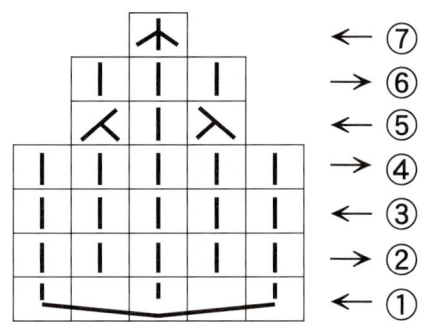

배색무늬 뜨는 법(실을 가로로 걸치는 방법) ⋯ P.26
모티브 잇는 법 ⋯ P.24
마무리 ⋯ P.33

모티브 뜨기 시작하는 법(가터뜨기) ⋯ P.99
배색무늬 뜨는 법(실을 가로로 걸치는 방법) ⋯ P.100
배색무늬 뜨는 법(실을 세로로 걸치는 방법) ⋯ P.103
배색무늬 실 처리하는 법 ⋯ P.106
메리야스자수 하는 법 ⋯ P.107

버블뜨기 하는 법(모아뜨기) ⋯ P.109
배색실 바꾸는 법 ⋯ P.110
세로 선 넣는 법 ⋯ P.110

- 이 책에서는 주로 3.5mm, 4mm 대바늘을 사용했습니다.
- 대바늘의 굵기는 바늘의 지름으로 결정되며, 숫자가 커질수록 바늘이 굵어집니다. 일반적으로 실의 라벨에 권장하는 바늘의 굵기가 표시되어 있으니 참고하세요. 평소 촘촘하게 뜨는 버릇이 있다면 권장 바늘 굵기보다 0.5~1mm 정도 더 굵은 바늘을 이용해야 한층 부드럽게 뜰 수 있으며, 느슨하게 뜨는 사람은 좀 더 가는 바늘을 선택하는 것이 좋습니다.

모사(울) 1볼

라벨 보는 법

- 실에 맞는 바늘의 크기
- 표시된 바늘로 떴을 때, 가로 세로 10cm 안에 들어가는 콧수와 단수
- 중량 및 길이

◆◆◆ 모사(울) 추천 실 ◆◆◆

자라(ZARA)
Lana Extra Fine Merino Superwash Wool 100%, 대바늘 4mm 사용

서브라임 베이비(Sublime Baby)
Extra Fine Merino 75%, Silk 20%, Cashmere 5%, 대바늘 4mm 사용

서브라임DK(Sublime DK)
Extra Fine Merino 100%, 대바늘 4mm 사용

자리나(ZARINA)
Lana Extra Fine Merino Superwash Wool 100%, 대바늘 3.5mm 사용

자렐라(Zarella)
Lana Wool 52%, Acrilco 48%, 대바늘 4~4.5mm 사용

파트너 3.5(Partner3.5)
Polyamide 50%, Wool 25%, Acrylic 25%, 대바늘 3.5mm 사용

Point Lesson
모티브 잇는 법

◆◆◆ 단과 단 잇기

감침질로 잇기

1. 돗바늘을 사용한다. 모티브를 겉감면이 보이도록 놓고 맞붙인 후, 실을 바늘에 꿰고 사진을 참조하여 모티브 2장의 기초코에 바늘을 통과시킨다.

2. 같은 코에 한 번 더 바늘을 통과시켜서 고정한다. 끝에서 첫 번째 코와 두 번째 코 사이(● 표시 참조)로 바늘을 넣는다.

3. 끝에서 첫 번째 코와 두 번째 코 사이로 바늘을 넣는 과정을 되풀이하며 감친다(위 사진). 마지막에는 바늘을 2번 통과시킨다(아래 사진).

양쪽 모티브의 끝 부분이 가터뜨기일 때 떠서 꿰매기

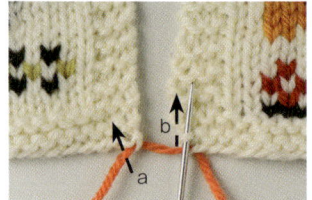   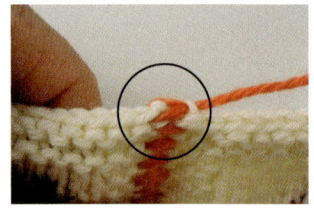

1. 돗바늘을 사용한다. 모티브를 이을 실을 바늘에 꿰어 뜨개 조직의 기초코에 바늘을 통과시킨다. 오른쪽은 반코, 왼쪽은 1코 안쪽(화살표 a)의 코를 줍는다.

2. 오른쪽 코(*I*의 화살표 b)를 줍는다(왼쪽 사진). 다음은 왼쪽 코(왼쪽 사진의 화살표)를 줍는다(오른쪽 사진). 이런 식으로 좌우 코를 교대로 줍는다.

3. 왼쪽 사진은 여러 단을 주운 모습. 실제로는 오른쪽 사진처럼 감치는 실이 보이지 않도록 실을 당기면서 꿰맨다.

4. 감침질을 마칠 때는 바늘을 코에 통과시켜 사슬코를 만들어 고정하면 깔끔하게 마무리 된다.

◆◆◆ 코와 코 잇기

감침질로 잇기

1. 돗바늘을 사용한다. 모티브를 맞붙인 후, 실을 바늘에 꿰고 코에 바늘을 2번 통과시켜 감칠질한다(왼쪽 사진). 다음 코에 바늘을 넣는다(오른쪽 사진).

2. 1코씩 감치고, 감침질을 마칠 때는 코에 바늘을 2번 통과시켜 고정한다.

빼뜨기로 잇기

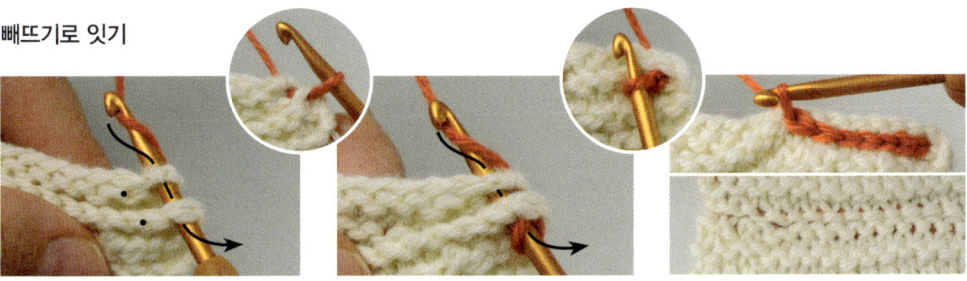

1. 코바늘을 사용한다. 모티브를 겉끼리 맞대고, 끄트머리 코에 바늘을 넣고 실을 걸어서 빼낸다. 빼낸 모습(오른쪽 위 사진).

2. 다음 코(*1*의 ● 표시)에 바늘을 넣고, 바늘에 실을 걸어서 빼낸다. 빼낸 모습(오른쪽 위 사진).

3. *2*를 되풀이하여 잇는다(위 사진). 모티브 겉에서 본 상태(아래 사진).

◆◆◆ 단과 코 잇기

감침질로 잇기

1. 돗바늘을 사용한다. 모티브를 안끼리 맞대고 시침핀으로 고정한다. 모티브를 이을 실을 바늘에 꿰어 끄트머리 코에 통과시킨다.

2. 같은 코에 한 번 더 바늘을 통과시켜 고정하고 다음 코를 감친다(왼쪽 사진). 고르게 줍는다(오른쪽 사진).

빼뜨기로 잇기

1. 코바늘을 사용한다. 모티브를 겉끼리 맞대고, 첫 코에 바늘을 넣고 실을 걸어서 빼낸다. 화살표처럼 다음 코에 바늘을 넣고 실을 걸어서, 바늘에 걸려 있는 오른쪽 1코도 한 번에 빼낸다.

2. 바늘을 넣고 실을 걸어서 한 번에 빼내는 과정을 되풀이한다(위 사진). 겉에서 본 상태(아래 사진).

Point Lesson 9
Photo P.42 *뜨는 법* P.44

◆◆◆
배색무늬 뜨는 법(실을 가로로 걸치는 방법)

1 배색할 1코 앞의 코(다섯째 코)를 뜰 때에 분홍 실(배색실)을 아이보리 실(바탕실) 위에 놓는다.

2 아이보리 실로 다섯째 코를 뜬다. 여기에서 분홍 실의 끝을 끼워서 고정하게 된다.

3 분홍 실로 2코를 뜨며 안쪽에서 분홍 실이 아이보리 실 위로 가도록 걸쳐서(사진 왼쪽 위) 뜬다.

4 아이보리 실로 2코를 뜨며 안쪽에서 아이보리 실이 분홍 실 아래로 가도록 걸쳐서(사진 왼쪽 위) 뜬다. 언제나 분홍 실이 위, 아이보리 실이 아래가 되도록 실을 걸치면서 뜬다.

5 배색할 1코 앞의 코(다섯째 코)를 뜰 때에 분홍 실을 아이보리 실 위에 놓는다.

6 아이보리 실로 다섯째 코를 뜬다. 여기에서 분홍 실의 끝을 끼워서 고정한다.

7 분홍 실로 2코를 뜨며 분홍 실이 아이보리 실 위로 가도록 걸쳐서(사진 왼쪽 위) 뜬다.

8 아이보리 실로 2코를 뜨며 아이보리 실이 분홍 실 아래로 가도록 걸쳐서(사진 왼쪽 위) 뜬다.

9 끝까지 뜬 모습. 실이 당겨지거나 너무 느슨해지지 않도록 조심한다.

◆◆◆ 걸치는 실을 감싸며 뜨는 법

※ 일곱째와 여덟째 단은 양쪽 끝의 가터뜨기 외에는 아이보리 실로 뜨지 않으므로, 도중에서 아이보리 실을 몇 코마다 감싸며 뜬다. 다른 배색무늬에서도 걸치는 실이 길어질 경우에는 이 방법을 쓰는 것이 좋다.

10 배색할 1코 앞의 코(넷째 코)를 뜰 때에 꽃분홍 실을 분홍 실 위에 놓는다.

11 분홍 실로 넷째 코를 뜬다. 여기에서 꽃분홍 실의 끝을 끼워서 고정하게 된다.

12 꽃분홍 실(바탕실)로 2코를 뜨며 안쪽에서 꽃분홍 실이 분홍 실(배색실) 아래로 가도록 뜬다. 두 가지 색 중 어느 색을 배색실로 하고 다른 색을 바탕실로 할지 정해서, 언제나 배색실이 위, 바탕실이 아래로 가도록 실을 걸치면서 뜬다.

13 분홍 실로 뜨며 아이보리 실을 바늘에 걸고 분홍 실로 1코 뜬다. 이때 안쪽에서 분홍 실이 꽃분홍 실 위로 가도록 뜬다.

14 분홍 실로 1코 뜬 모습. 여기에서 아이보리 실을 끼워서 감싸며 뜬 상태다.

15 분홍 실로 1코 더 뜬다.

16 끝까지 뜬 모습. 분홍 실의 첫째 코를 뜰 때에 아이보리 실을 감싸며 걸치면서 뜬다.

17 배색할 1코 앞의 코(넷째 코)를 뜰 때에 꽃분홍 실을 분홍 실 위에 놓고, 분홍 실로 1코 뜬다.

18 꽃분홍 실로 2코를 뜨며 꽃분홍 실이 분홍 실 아래로 가도록 뜬다.

19 분홍 실로 뜨며 아이보리 실을 바늘에 걸고 분홍 실로 1코 뜬다. 이때 분홍 실이 꽃분홍 실 위로 가도록 뜬다.

20 분홍 실로 1코 뜬 모습. 여기에서 아이보리 실을 끼워서 감싸며 뜬 상태다.

21 끝까지 뜬 모습. 분홍 실의 첫째 코를 뜰 때에 아이보리 실을 감싸며 걸치면서 뜬다.

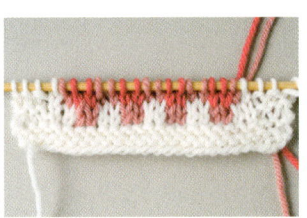

22 겉쪽으로 뒤집은 모습.

> **배색무늬 뜨는 법의 포인트**
> - 그 단에서 배색하기 시작하는 1코 앞의 코를 뜰 때 배색실을 바탕실 위에 놓고 끼운다.
> - 언제나 배색실이 위, 바탕실이 아래로 가도록 실을 걸치면서 뜬다.
> - 걸치는 실이 길어질 경우에는 몇 코마다 감싸며 뜬다.

Point Lesson 66
Photo P.74 *뜨는 법* P.76

◆◆◆ 돌려뜨기
뜨개조직 겉쪽을 보고 뜨는 경우
(코를 돌려서 겉뜨기를 한다)

1 화살표처럼 뒤쪽으로 바늘을 넣는다.

2 겉뜨기를 한다.

3 돌려뜨기를 한 모습. 아래 코가 돌려진 상태가 된다.

◆◆◆ 돌려뜨기
뜨개조직 안쪽을 보고 뜨는 경우
(코를 돌려서 안뜨기를 한다)

※ 뜨개기호는 겉에서 본 표시 ♀이지만, 안을 보고 뜨는 단이므로 ♀(돌려 안뜨기)로 뜬다.

1 화살표처럼 뒤쪽에서 바늘을 넣는다.

2 안뜨기를 한다.

3 돌려 안뜨기를 한 모습. 아래 코가 돌려진 상태가 된다.

Point Lesson 공통 기초

◆◆◆ 돌려뜨기로 코 늘리기(겉뜨기)

1 앞단의 코와 코 사이의 걸치는 실을 오른쪽 바늘로 화살표처럼 줍는다.

2 주운 실을 왼쪽 바늘에 건다.

3 왼쪽 바늘에 걸린 모습.

4 화살표처럼 뒤쪽으로 바늘을 넣어서 겉뜨기를 한다.

5 앞단의 코가 돌려지고 겉뜨기를 한 모습(1코 늘어난 상태).

6 1코 늘려서 3단을 뜬 모습.

Point Lesson 76
Photo P.82 *뜨는 법* P.84

◆◆◆
돌려뜨기로 코 늘리기(2코 늘리는 방법)

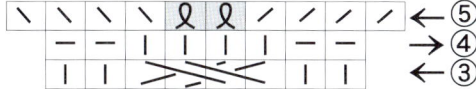

1 4코 뜬 다음에 앞단의 코와 코 사이의 걸치는 실을 오른쪽 바늘로 화살표처럼 주워서 왼쪽 바늘에 건다.

2 화살표처럼 뒤쪽으로 바늘을 넣어서 겉뜨기를 한다.

3 돌려뜨기를 해서 1코 늘어난 모습.

4 마찬가지로 코와 코 사이의 걸치는 실(★)을 왼쪽 바늘에 걸고, 돌려뜨기를 1코 더 뜬다.

5 돌려뜨기를 해서 2코 늘어난 모습.

6 가운데에서 2코 늘어나서 전부 10코가 된 상태. 늘어난 2코가 위 그림처럼 돌려져 있다.

Point Lesson 66
Photo P.74 *뜨는 법* P.76

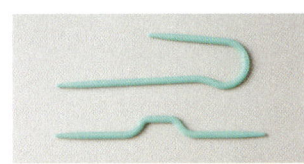

교차뜨기를 할 때에 꽈배기바늘이 있으면 편리하다. 모양은 두 가지가 있으며, 교차 콧수가 적을 때는 U자형(사진 위)이 뜨기 편하다.

◆◆◆ 왼코 위 돌려 교차뜨기(아래쪽 안뜨기)

1 7코 뜬 뒤에 다음 코는 뜨지 않고 꽈배기바늘로 옮긴다.

2 꽈배기바늘은 뜨개조직 뒤쪽에 쉬게 두고, 다음 코에 화살표처럼 바늘을 넣어 코를 돌려서 겉뜨기를 한다.

3 돌려뜨기를 한 모습.

4 쉬게 둔 코를 안뜨기한다.

◆◆◆ 오른코 위 돌려 교차뜨기(아래쪽 안뜨기)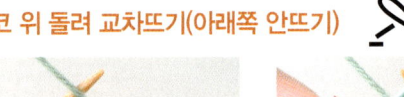

5 왼코 위 돌려 교차뜨기(아래쪽 안뜨기)를 한 모습. 다음 코를 돌려뜨기로 1코 뜬다.

6 왼코 위 돌려 교차뜨기와 마찬가지로, 첫째 코는 뜨지 않고 꽈배기바늘로 옮겨서 뜨개조직 앞쪽에 쉬게 둔다. 다음 코를 안뜨기로 뜬다.

7 쉬게 둔 코에 화살표처럼 바늘을 넣어서 돌려뜨기를 한다.

8 오른코 위 돌려 교차뜨기(아래쪽 안뜨기)를 한 모습. 사진 오른쪽은 작품이다. 계속해서 떠나가면, 돌려서 교차시킨 코가 각각 좌우로 이어진다.

Point Lesson 80
Photo P.83 *뜨는 법* P.85

◆◆◆ **오른코 늘려 안뜨기**

※ 뜨개도안은 겉에서 본 표시 이지만, 안을 보고 뜨는 단이므로 (왼코 늘려 겉뜨기)로 뜬다.

1 안뜨기로 6코 뜬 다음, 일곱째 코는 겉뜨기로 1코 뜨고, 2단 아래의 코를 화살표처럼 오른쪽 바늘로 끌어올린다.

2 끌어올린 코를 왼쪽 바늘로 옮기고, 화살표처럼 바늘을 넣어서 겉뜨기를 한다.

3 왼코 늘려 겉뜨기를 한 모습.

Point Lesson 78
Photo P.83 *뜨는 법* P.85

◆◆◆ **걸러뜨기(안뜨기일 경우)**

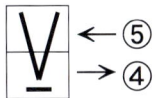
← ⑤
→ ④

※ 거르는 코가 안뜨기일 경우에 ─ 기호가 들어간다.

1 화살표처럼 바늘을 넣어 오른쪽 바늘로 옮긴다.

2 다음 코는 보통으로 뜬다.

3 뜨지 않고 코를 거르면 끄트머리 코가 늘어나지 않고 깔끔하게 마무리된다.

Point Lesson
공통 기초

◆◆◆ **마무리**

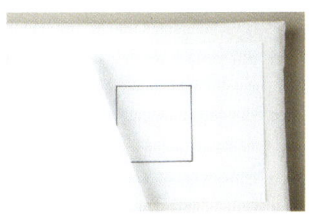
1 다림판 위에 지정된 크기의 도형을 그린 종이, 트레이싱페이퍼 순으로 겹쳐 둔다. 트레이싱페이퍼는 도형을 그린 연필이나 펜의 더러움이 모티브에 묻는 것을 막기 위해 깐다.

2 모티브 안쪽을 위로 오게 해서 1 위에 놓고, 도형에 맞추어 시침핀을 꽂는다.

3 다리미를 띄워서 김을 쏘인다. 모티브의 열이 식고 나서 시침핀을 뺀다. 뜨거울 때 빼면 정돈된 모양이 원래대로 되돌아갈 우려가 있으므로 주의한다.

Point Lesson 49
Photo P.63 *뜨는 법* P.65

◆◆◆ 3코 만들기

※ 뜨개도안은 겉에서 본 표시 ⊟⎟⊟ 이지만, 안을 보고 뜨는 단이므로 ⎟⊟⎟ (겉뜨기, 안뜨기, 겉뜨기)로 뜬다. 겉뜨기, 안뜨기, 겉뜨기를 1코 1코 뜨면 뜨개코가 죄어진다.

1 넷째 코에 바늘을 넣어서 겉뜨기를 1코 뜨되, 뜬 코는 왼쪽 바늘에 걸린 채로 둔다.

2 계속해서 같은 코에서 안뜨기를 한다.

3 겉뜨기로 1코 더 뜬다. 겉뜨기, 안뜨기, 겉뜨기 순으로 3코를 뜬 다음 왼쪽 바늘에서 코를 뺀다.

◆◆◆ 왼코 겹쳐 3코 모아뜨기

※ 뜨개도안은 겉에서 본 표시 이지만, 안을 보고 뜨는 단이므로 (왼코 겹쳐 3코 모아 안뜨기)로 뜬다.

4 화살표처럼 바늘을 3코에 한 번에 넣어서 안뜨기를 한다.

5 왼코 겹쳐 3코 모아 안뜨기를 한 모습. 3코 만들기와 왼코 겹쳐 3코 모아뜨기를 교대로 한다. 일곱째 단은 뜨개도안대로 안뜨기를 한다.

6 이 단에서는 2단 앞에서 뜬 3코 만들기와 왼코 겹쳐 3코 모아뜨기의 자리를 반대로 해서 뜨므로, 2단 앞의 3코 만들기 자리에 바늘을 한 번에 넣어서 왼코 겹쳐 3코 모아 안뜨기를 한다.

7 왼코 겹쳐 3코 모아 안뜨기를 한 모습.

8 2단 앞의 왼코 겹쳐 3코 모아뜨기 자리에 3코 만들기를 한다.

9 여덟째 단을 끝까지 떠서 겉쪽으로 뒤집은 모습.

10 완성된 모습. 3코 만들기와 왼코 겹쳐 3코 모아뜨기를 교대로 해서, 뜨개조직이 올록볼록해졌다.

Point Lesson 50

Photo P.63 ＊뜨는 법＊ P.65

블랙베리 뜨는 법

◆◆◆
3코 만들기

1 ☆단에서 3단 밑의 코에 화살 표처럼 바늘을 넣는다.

2 겉뜨기를 하되, 왼쪽 바늘의 코는 걸린 채로 둔다.

3 이어서 걸기코를 한다.

4 겉뜨기를 1코 더 뜬다. 겉뜨기, 걸기코, 겉뜨기를 한 모습.

5 왼쪽 바늘에서 코를 뺀다.

6 다음 단(○단)은 안뜨기를 한다. 사진은 앞단의 겉뜨기, 걸기코, 겉뜨기에 안뜨기를 1코씩 한 모습.

7 다음 단(△단)은 중심3코 모아뜨기를 한다.

8 블랙베리 완성.

Point Lesson 79
Photo P.83 *뜨는 법* P.85

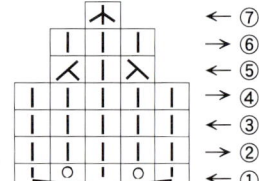

버블 뜨는 법(모아뜨기)

◆◆◆
5코 만들기

1 우선 바늘을 넣어서 겉뜨기를 하되, 뜬 코는 왼쪽 바늘에 걸린 채로 둔다.

2 이어서 걸기코를 한다.

3 겉뜨기, 걸기코, 겉뜨기를 더해서 전부 5코를 뜬다.

4 1코씩 안뜨기를 한다. 셋째 단과 넷째 단도 뜨개도안대로 겉뜨기와 안뜨기를 한다.

5 버블 5코의 오른쪽 끝 2코를 오른코 겹쳐 2코 모아뜨기 한다.

6 이어서 겉뜨기를 1코 하고, 왼쪽 끝의 2코를 왼코 겹쳐 2코 모아뜨기 한다. 여섯째 단은 뜨개도안대로 안뜨기를 한다.

7 마지막은 중심3코 모아뜨기를 해서 버블을 완성한다.

8 다음 단을 뜨고 겉쪽으로 뒤집은 모습.

Chapter 1
이제 함께 떠봅시다

PART 1
노르딕 무늬

PART 2
아란 무늬

PART 3
페어아일 무늬

PART 1 노르딕 무늬

1 10cm 꽃
2 10cm 나무
3 10cm 별
4 10cm 별

뜨는 법 ∗P.40 design/making 가와이 마유미

인기 있는 별 무늬에 침엽수와 꽃, 순록과 눈토끼 등 북유럽 특유의 귀여운 모티브부터
깅엄 체크와 물방울무늬, 지그재그 등의 단순한 무늬까지 다양한 노르딕 무늬를 즐겨 보세요.

5 15cm 별

6 15cm 별

7 15cm 찔레꽃

8 15cm 나무

뜨는 법 *P.41 design/making 가와이 마유미

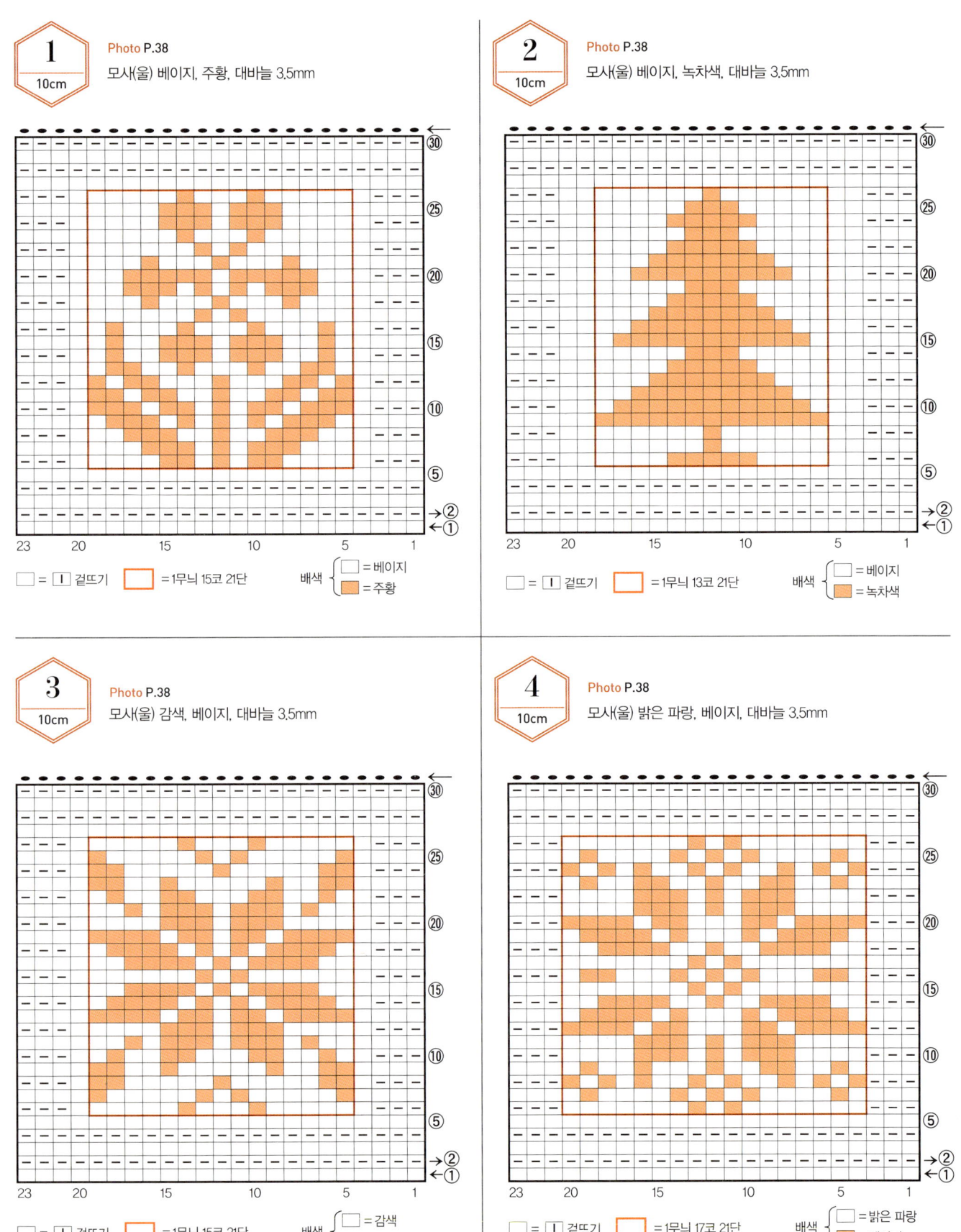

9
10cm

깅엄 체크

10
10cm

지그재그

11
10cm

꼬마 하트 무늬

12
10cm

하트

뜨는 법 *P.44 design/making 가와이 마유미

13
15cm

물방울무늬

14
15cm

지그재그 & 다이아몬드

15
15cm

하트

16
15cm

격자무늬

뜨는 법 *P.45 design/making 가와이 마유미

Photo P.42
Point Lesson P.26
모사(울) 아이보리, 분홍, 꽃분홍, 대바늘 3.5mm

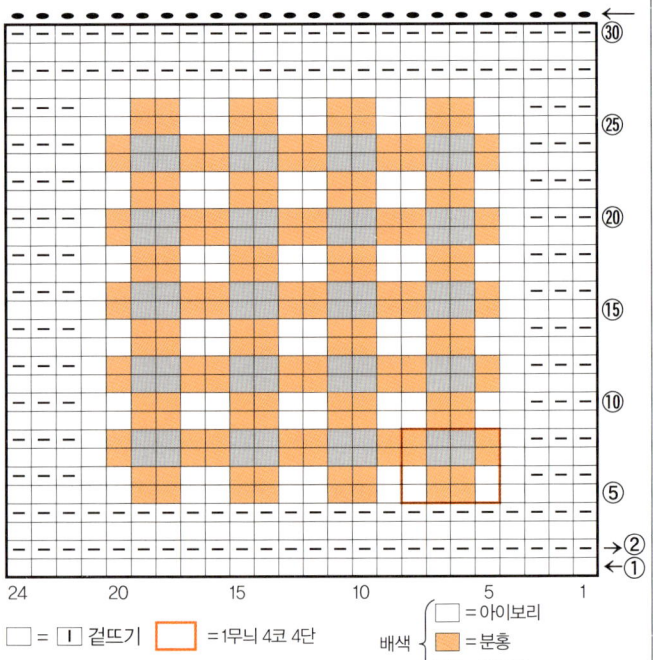

Photo P.42
모사(울) 빨강, 아이보리, 대바늘 4mm

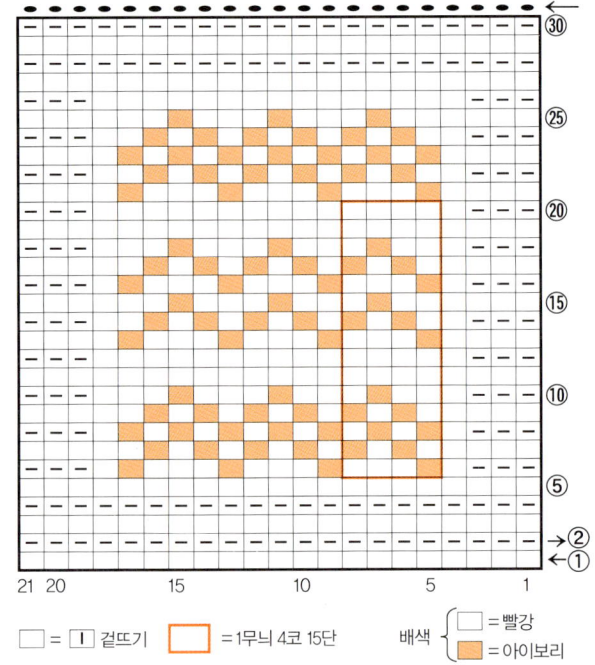

Photo P.42
모사(울) 빨강, 아이보리, 대바늘 4mm

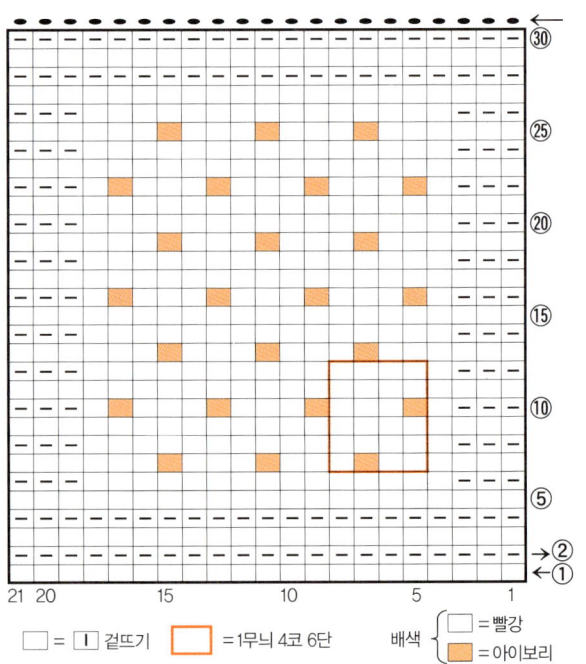

Photo P.42
모사(울) 아이보리, 장미색, 대바늘 3.5mm

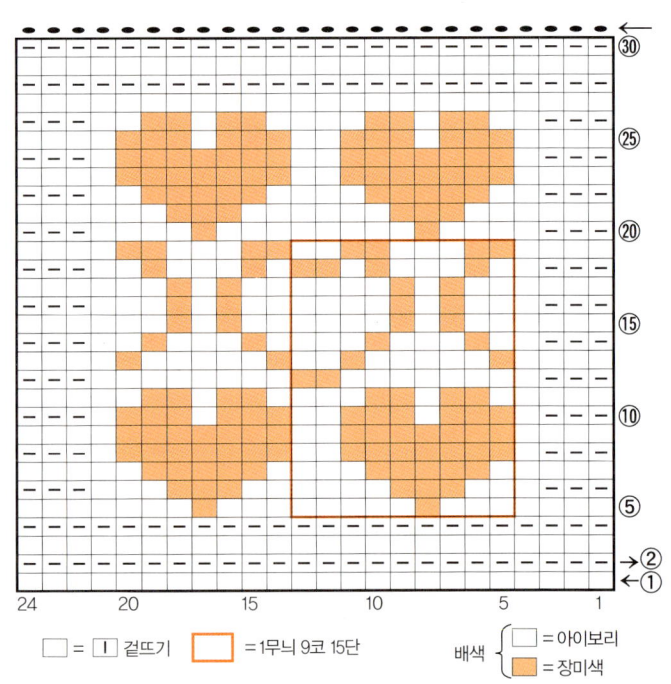

Photo P.43
모사(울) 아이보리, 연한 파랑, 파랑, 대바늘 4mm

Photo P.43
모사(울) 남보라, 아이보리, 대바늘 4mm

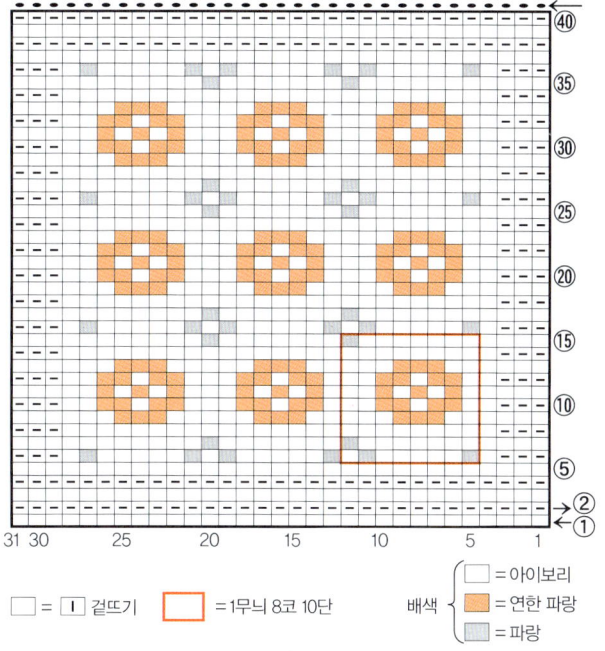

□ = Ⅰ 겉뜨기   ▭ =1무늬 8코 10단   배색 { □ =아이보리, ■ =연한 파랑, ■ =파랑 }

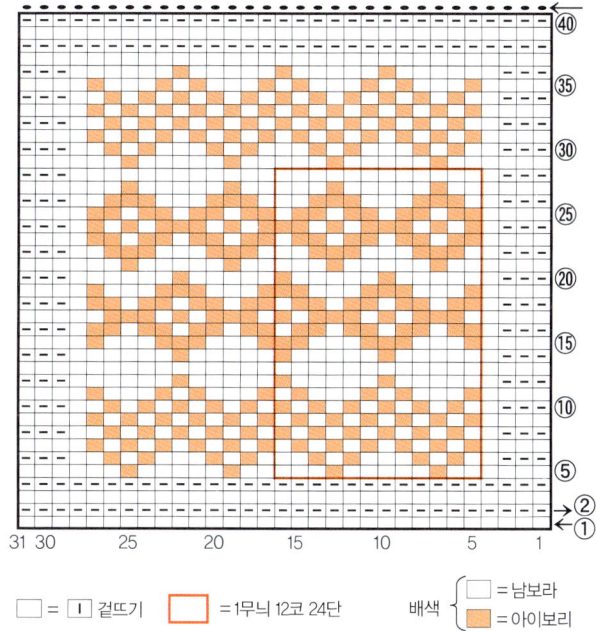

□ = Ⅰ 겉뜨기   ▭ =1무늬 12코 24단   배색 { □ =남보라, ■ =아이보리 }

Photo P.43
모사(울) 파랑, 아이보리, 대바늘 4mm

Photo P.43
모사(울) 아이보리, 남보라, 대바늘 4mm

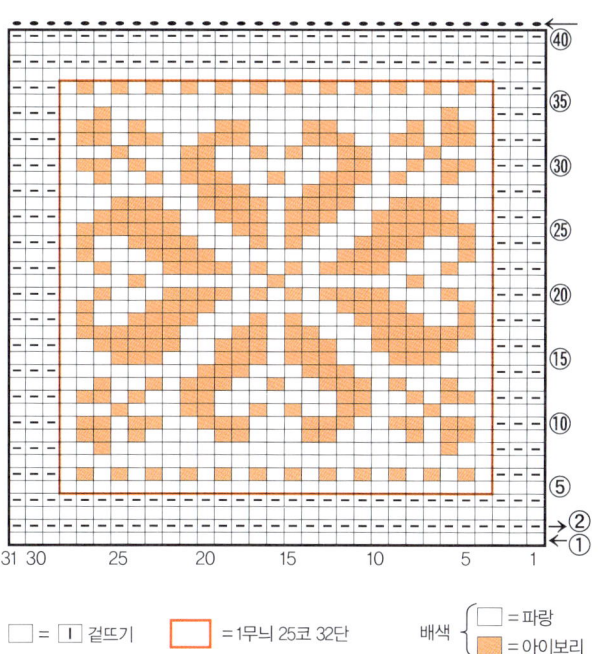

□ = Ⅰ 겉뜨기   ▭ =1무늬 25코 32단   배색 { □ =파랑, ■ =아이보리 }

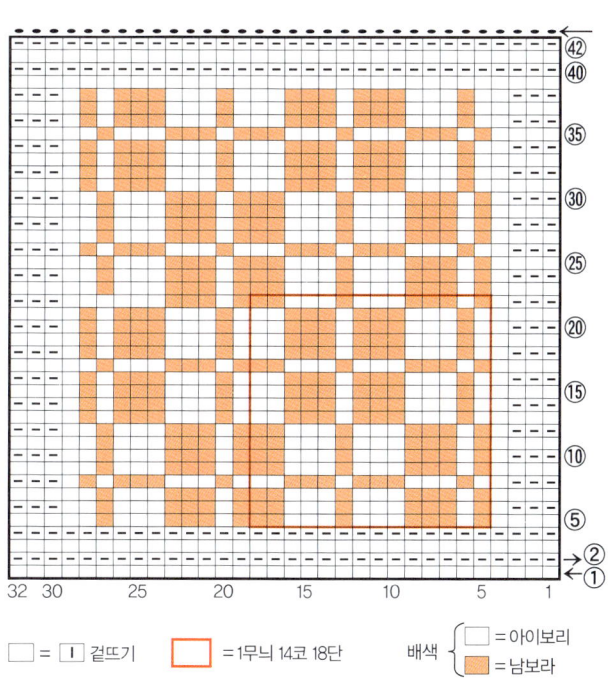

□ = Ⅰ 겉뜨기   ▭ =1무늬 14코 18단   배색 { □ =아이보리, ■ =남보라 }

눈토끼

17 15cm

18 15cm

새

달라호스(스웨덴 목각 인형)

19 15cm

20 15cm

눈토끼

뜨는 법 *P.48 design/making 가마타 에미코

21 15cm 곰

22 15cm 고양이

23 15cm 목마

24 15cm 순록

뜨는 법 *P.49 design/making 가마타 에미코

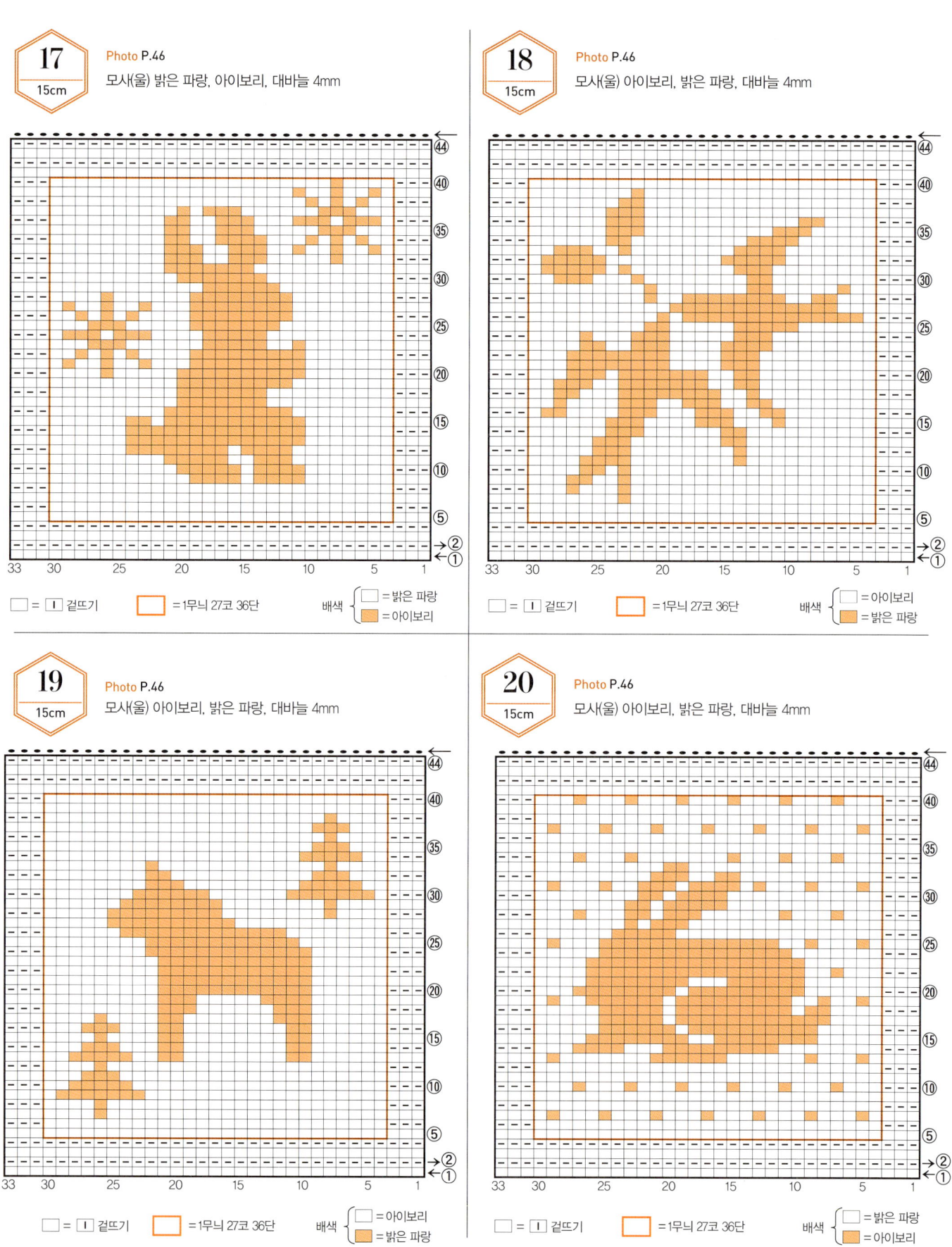

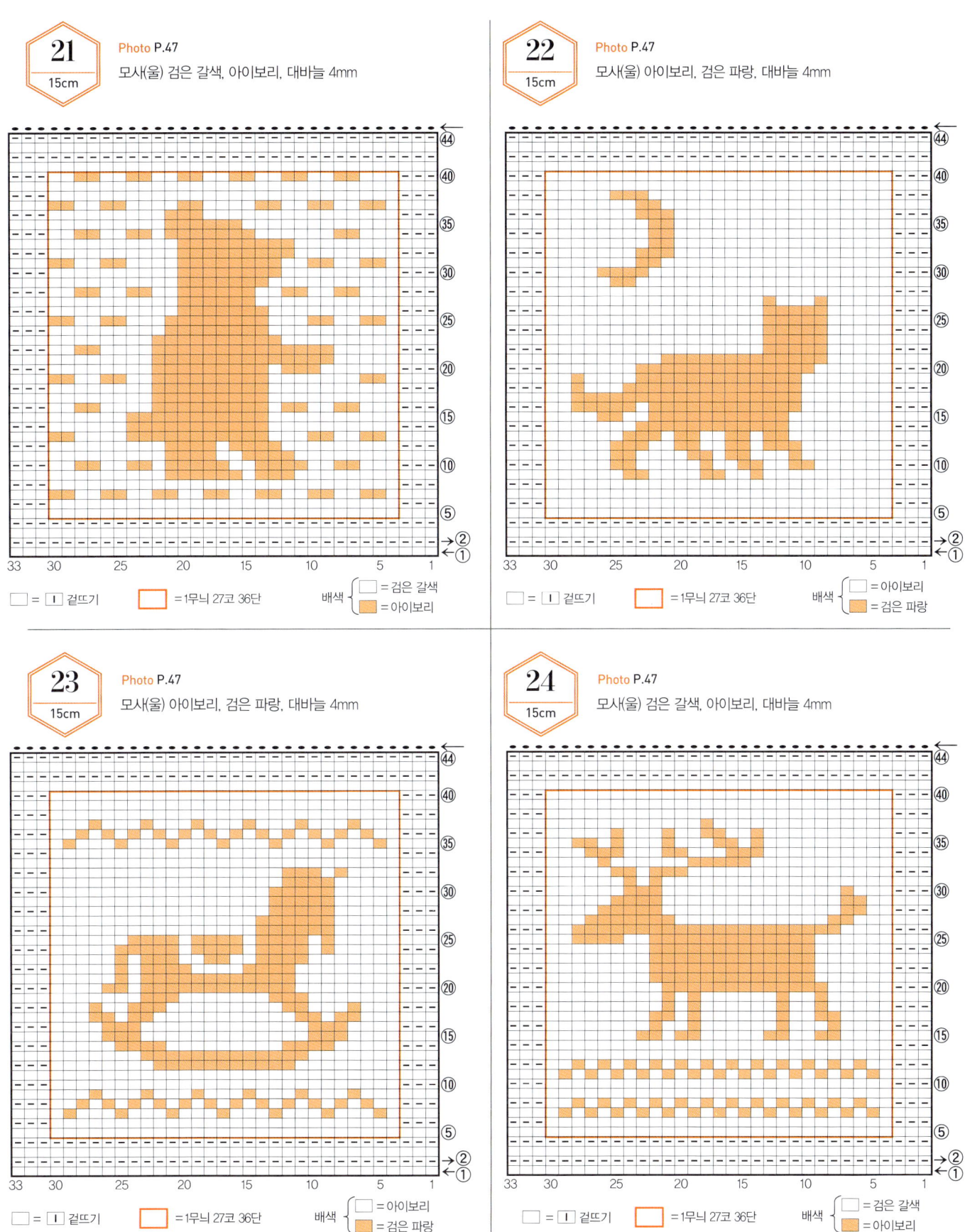

여자아이

25
15cm

남자아이

26
15cm

나무 & 집

27
15cm

눈사람

28
15cm

뜨는 법 *P.52 design/making 엔도 히로미

지그재그

지그재그

깅엄 체크

지그재그

뜨는 법 *P.53 design/making 엔도 히로미

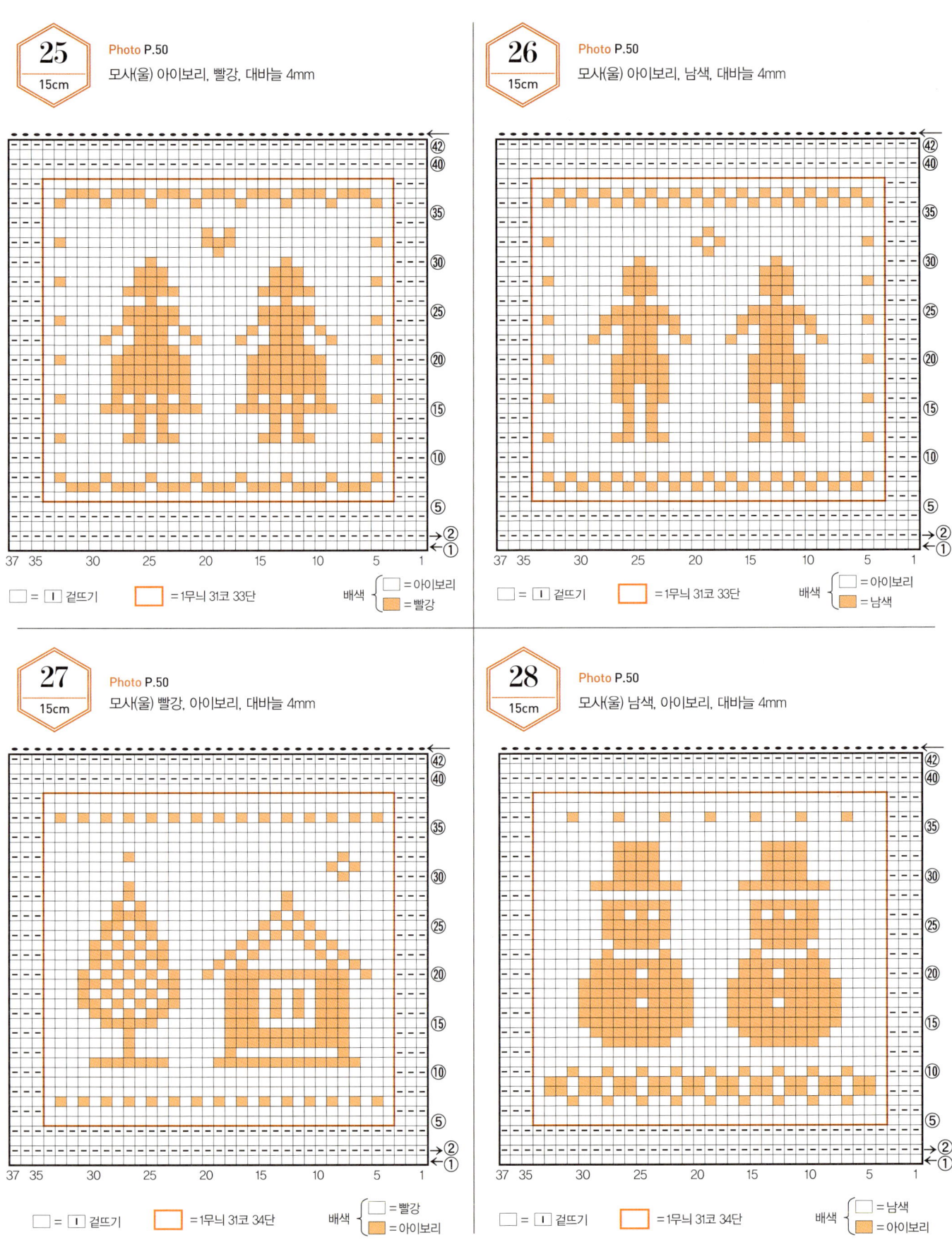

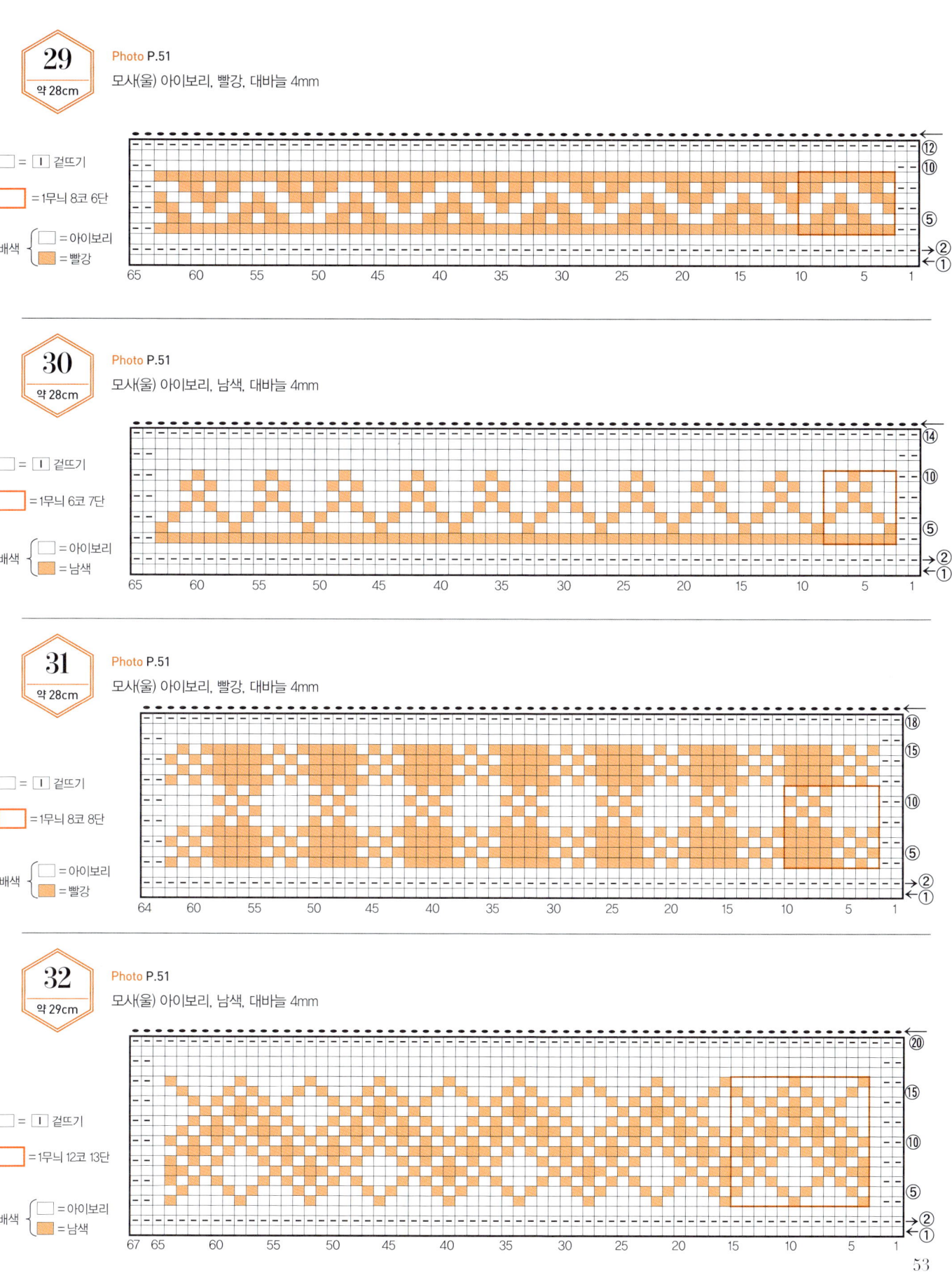

물방울무늬

33
15cm

다이아몬드

34
15cm

꽃

35
15cm

격자와 물방울무늬

36
15cm

뜨는 법 *P.56 design/making 엔도 히로미

37 나뭇잎

38 기하학무늬

39 하트

40 새

뜨는 법 *P.57 design/making 엔도 히로미

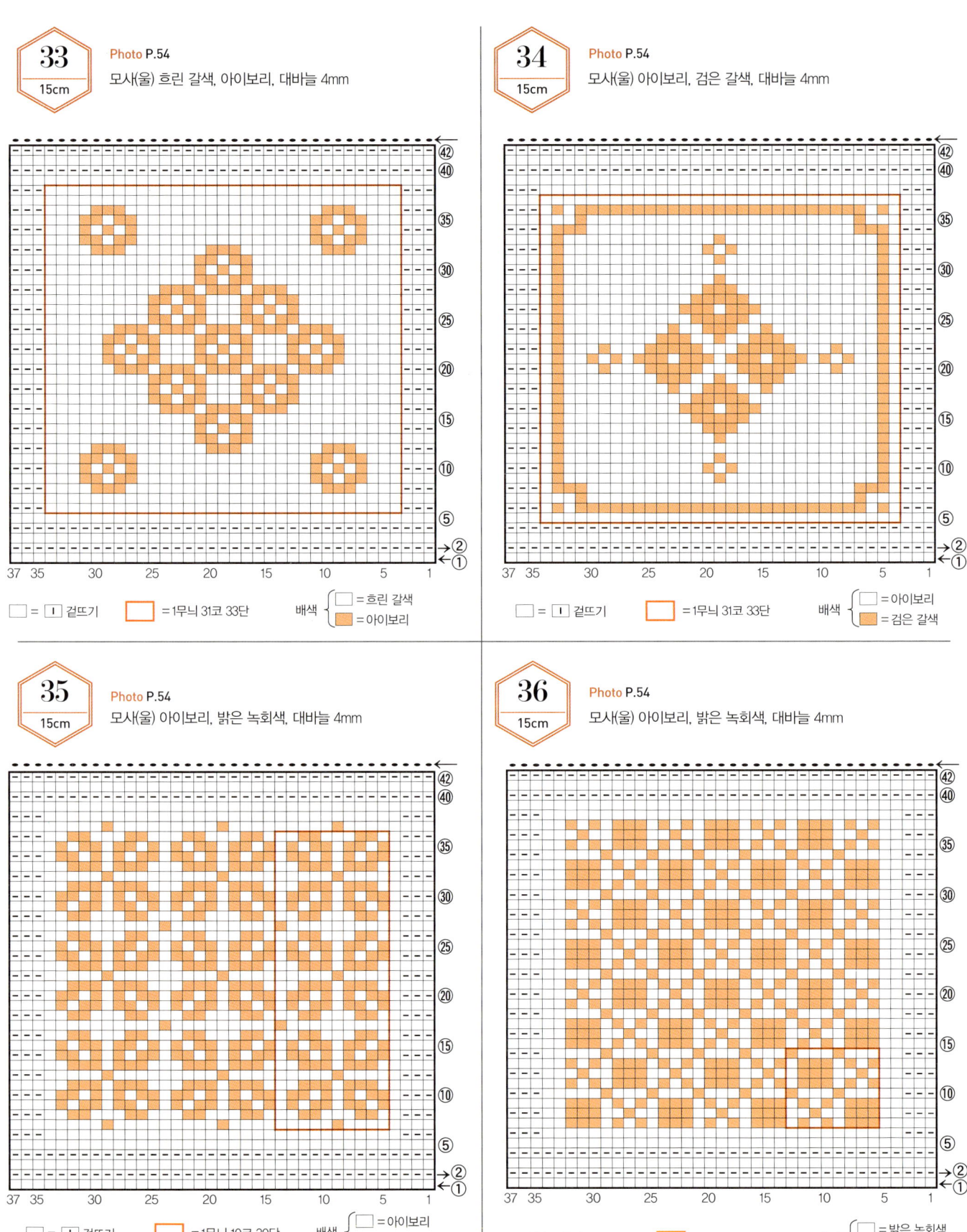

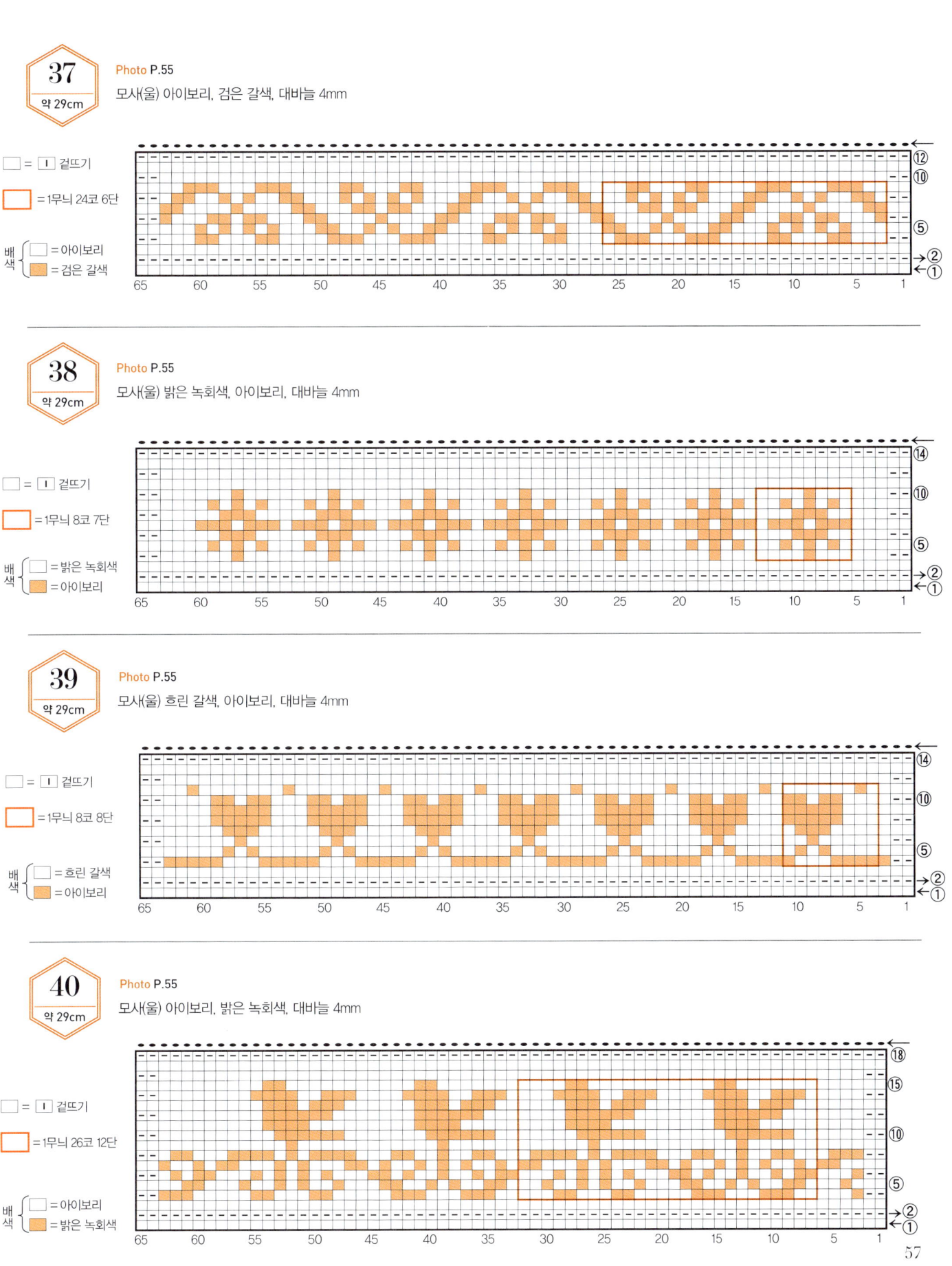

별

| 41 |
| 20x15cm |

| 42 |
| 20x15cm |

하트 & 왕관

뜨는 법 *P.60 design/making 가마타 에미코

순록

43
20x15cm

44
20x15cm

다이아몬드 & 닻

뜨는 법 ＊P.61 design/making 가마타 에미코

41
20x15cm Photo P.58

모사(울) 녹차색, 아이보리, 대바늘 4mm

□ = ㅣ 겉뜨기

□ = 1무늬 37코 36단

배색 { □ = 녹차색
       □ = 아이보리 }

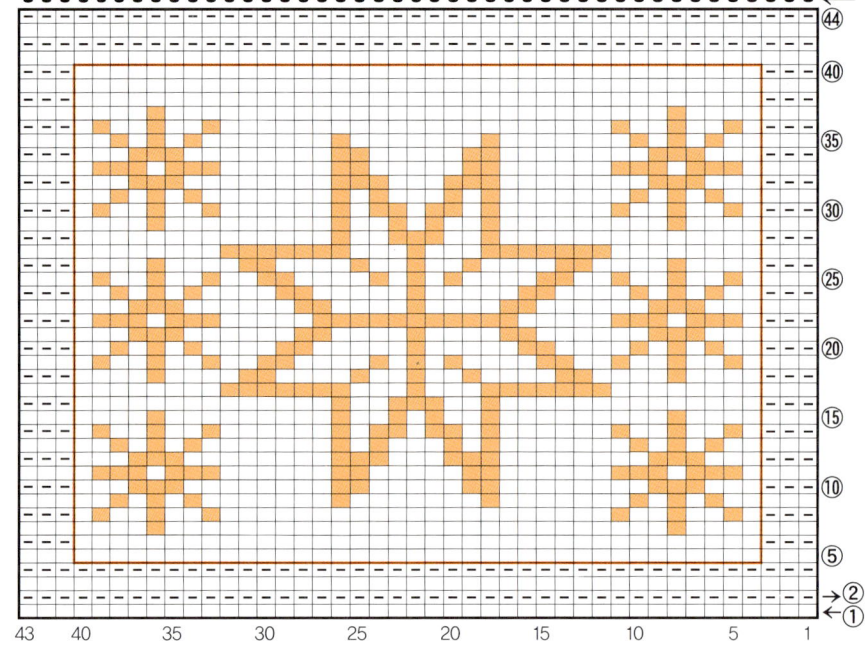

42
20x15cm Photo P.58

모사(울) 아이보리, 진한 초록, 대바늘 4mm

털실 방울 만들기 아이보리 4개

1. 그림의 치수를 참조해서 두꺼운 종이를 준비하여 아이보리 실을 50번 감는다.
2. 가운데를 꽉 묶는다.
3. 두꺼운 종이를 빼고 양 끝의 고리를 자른 뒤, 실 끝을 자르며 모양을 둥글게 다듬는다.
4. 2에서 묶은 실 끝으로 지정된 자리 네 군데에 고정한다.

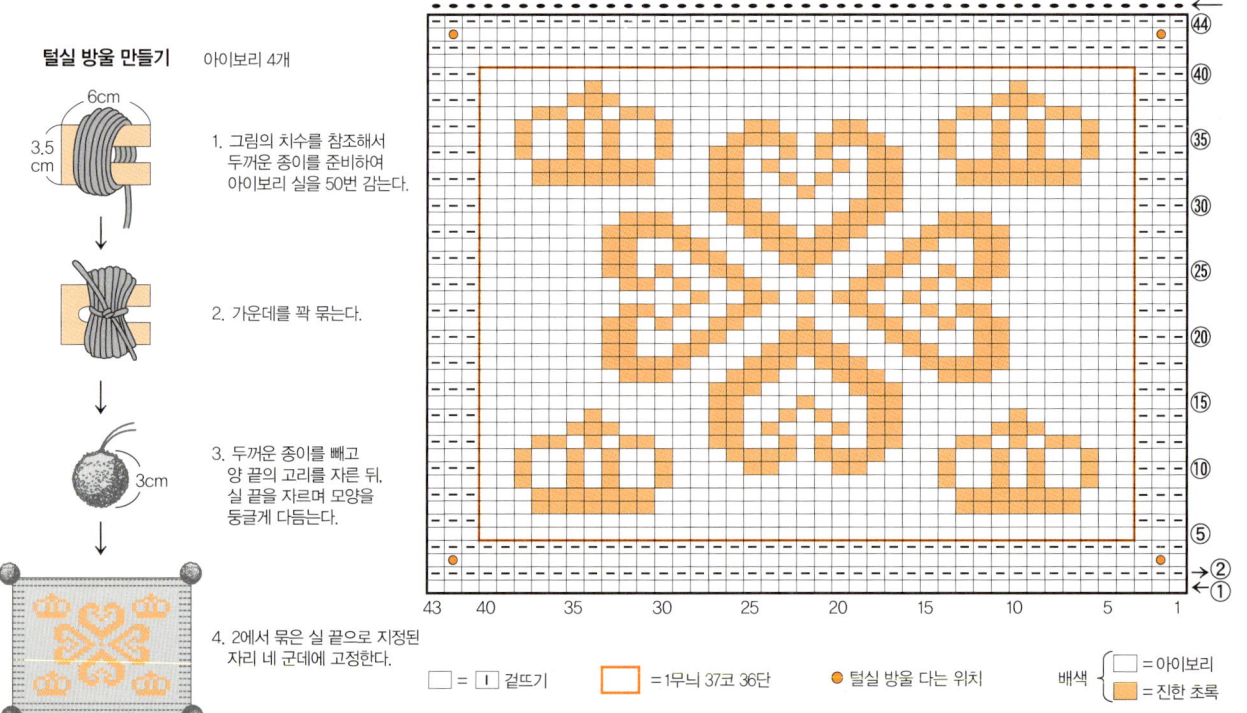

□ = ㅣ 겉뜨기   □ = 1무늬 37코 36단   ● 털실 방울 다는 위치   배색 { □ = 아이보리 □ = 진한 초록 }

43

20x15cm **Photo** P.59

모사(울) 검은 갈색, 아이보리, 대바늘 4mm

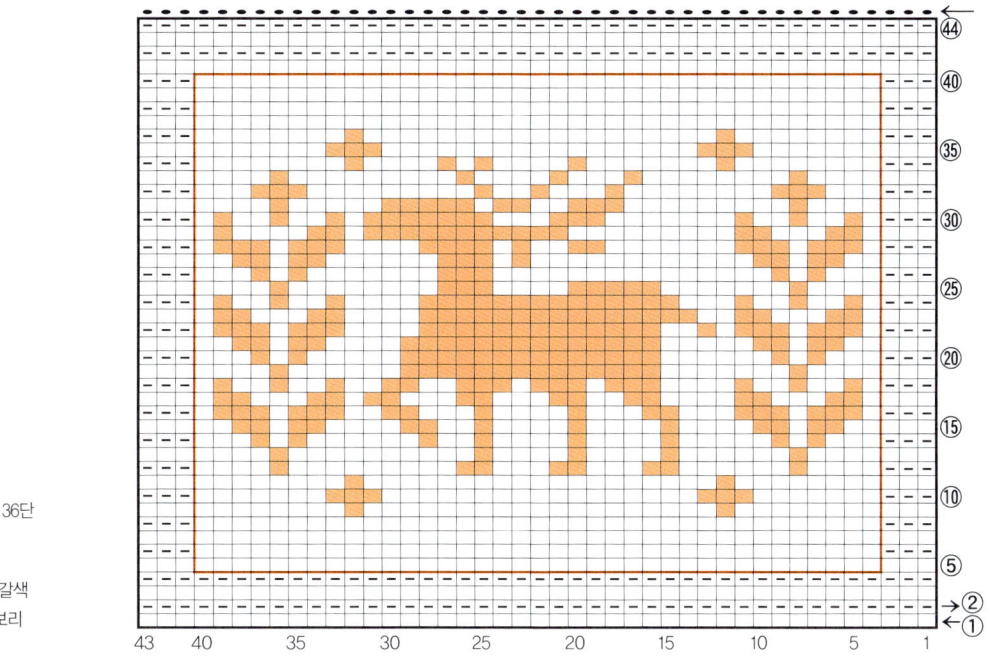

□ = I 겉뜨기

□ = 1무늬 37코 36단

배색 □ = 검은 갈색
    □ = 아이보리

44

20x15cm **Photo** P.59

모사(울) 검은 갈색, 아이보리, 대바늘 4mm

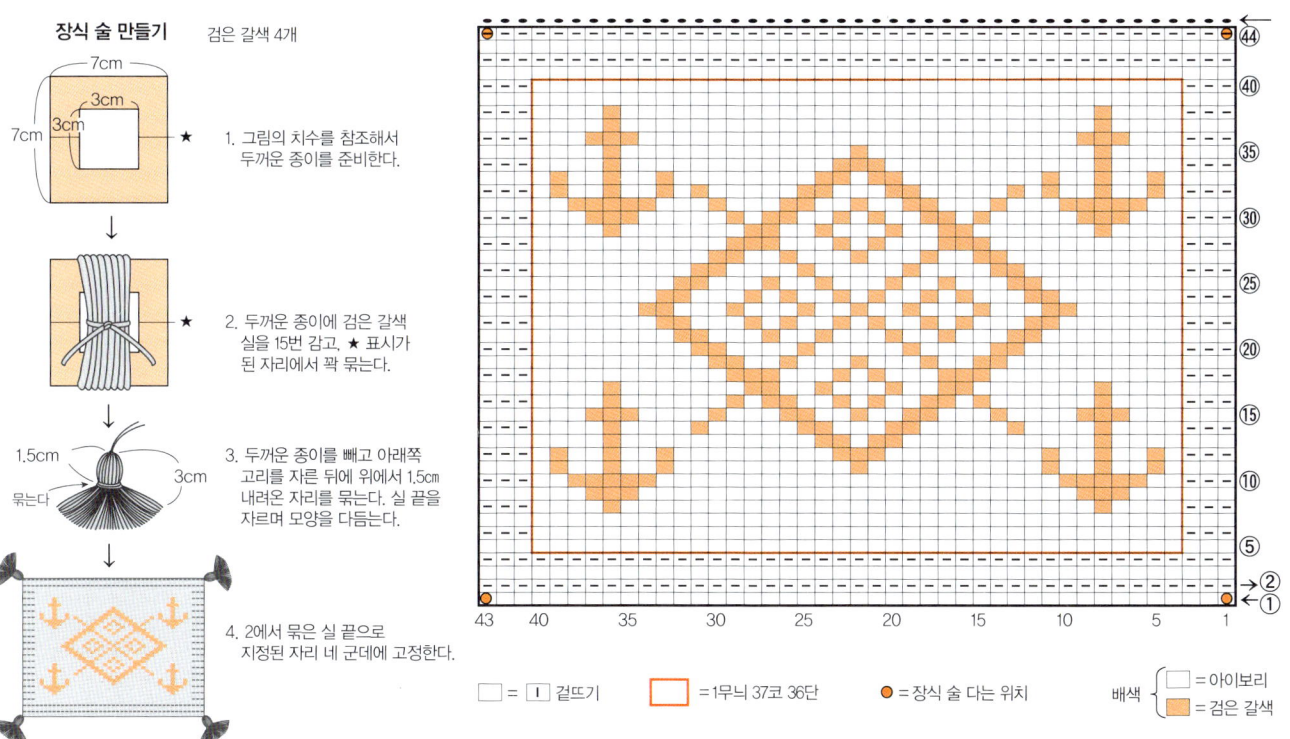

장식 술 만들기 검은 갈색 4개

1. 그림의 치수를 참조해서 두꺼운 종이를 준비한다.
2. 두꺼운 종이에 검은 갈색 실을 15번 감고, ★ 표시가 된 자리에서 꽉 묶는다.
3. 두꺼운 종이를 빼고 아래쪽 고리를 자른 뒤에 위에서 1.5cm 내려온 자리를 묶는다. 실 끝을 자르며 모양을 다듬는다.
4. 2에서 묶은 실 끝으로 지정된 자리 네 군데에 고정한다.

□ = I 겉뜨기   □ = 1무늬 37코 36단   ● = 장식 술 다는 위치

배색 □ = 아이보리
    □ = 검은 갈색

PART 2　아란 무늬

45 10cm　케이블

46 10cm　체인 케이블 & 웨이브 케이블

47 10cm　더블 케이블 & 허니 스티치

48 10cm　케이블

뜨는 법 *P.64　design/making 다케다 아쓰코

아이보리 색 실로 뜬, 따스함이 느껴지는 아란 무늬는 입체적이라 더욱 매력적입니다.
케이블(꽈배기무늬)×지그재그, 다이아몬드×버블 등 마음에 드는 무늬를 조합하여 자신만의 무늬를 만들어 보세요!
※ 변형한 무늬도 포함하여, 전통적인 무늬 명칭으로 표기하였습니다.

49 10cm — 트리니티(삼위일체)

50 10cm — 블랙베리

51 10cm — 아란 허니콤(벌집)

52 10cm — 바구니

뜨는 법 *P.65 design/making 다케다 아쓰코

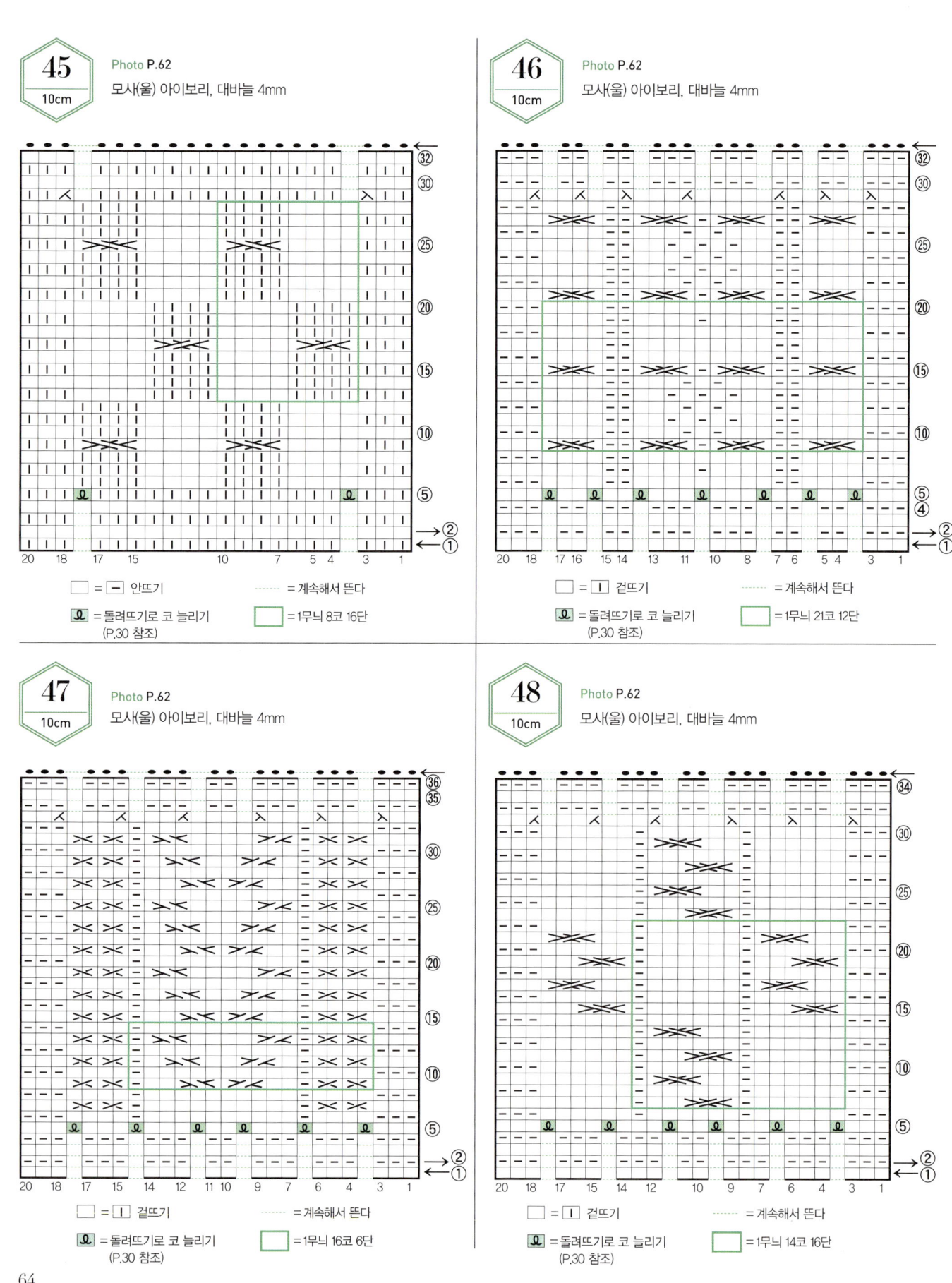

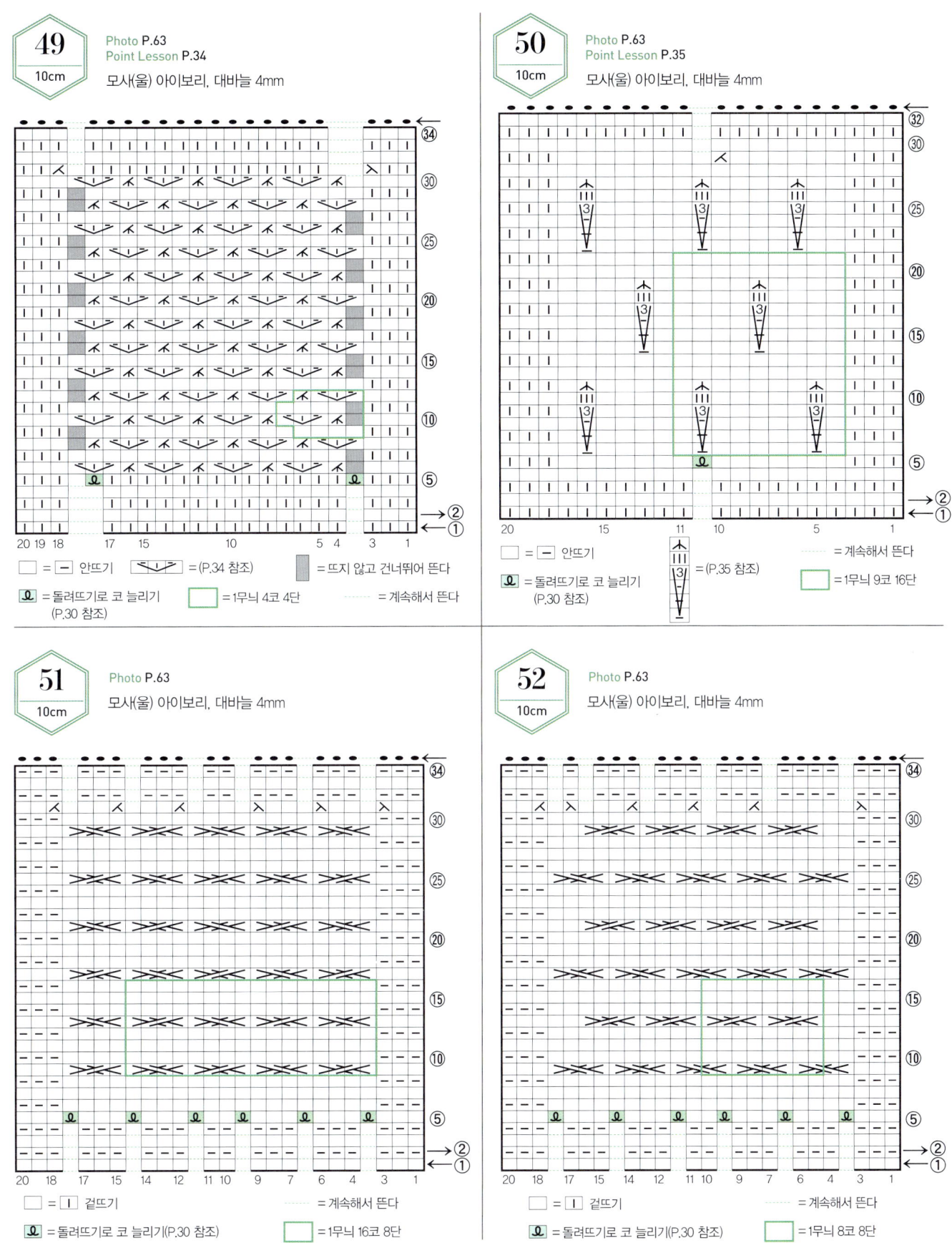

인생의 사다리

53
10cm

격자

54
10cm

생명의 나무 & 인생의 사다리

55
10cm

생명의 나무 & 버블

56
10cm

뜨는 법 *P.68 design/making 조자 가즈코

57 10cm 지그재그

58 10cm 지그재그

59 10cm 다이아몬드

60 10cm 다이아몬드

뜨는 법 *P.69 design/making 조자 가즈코

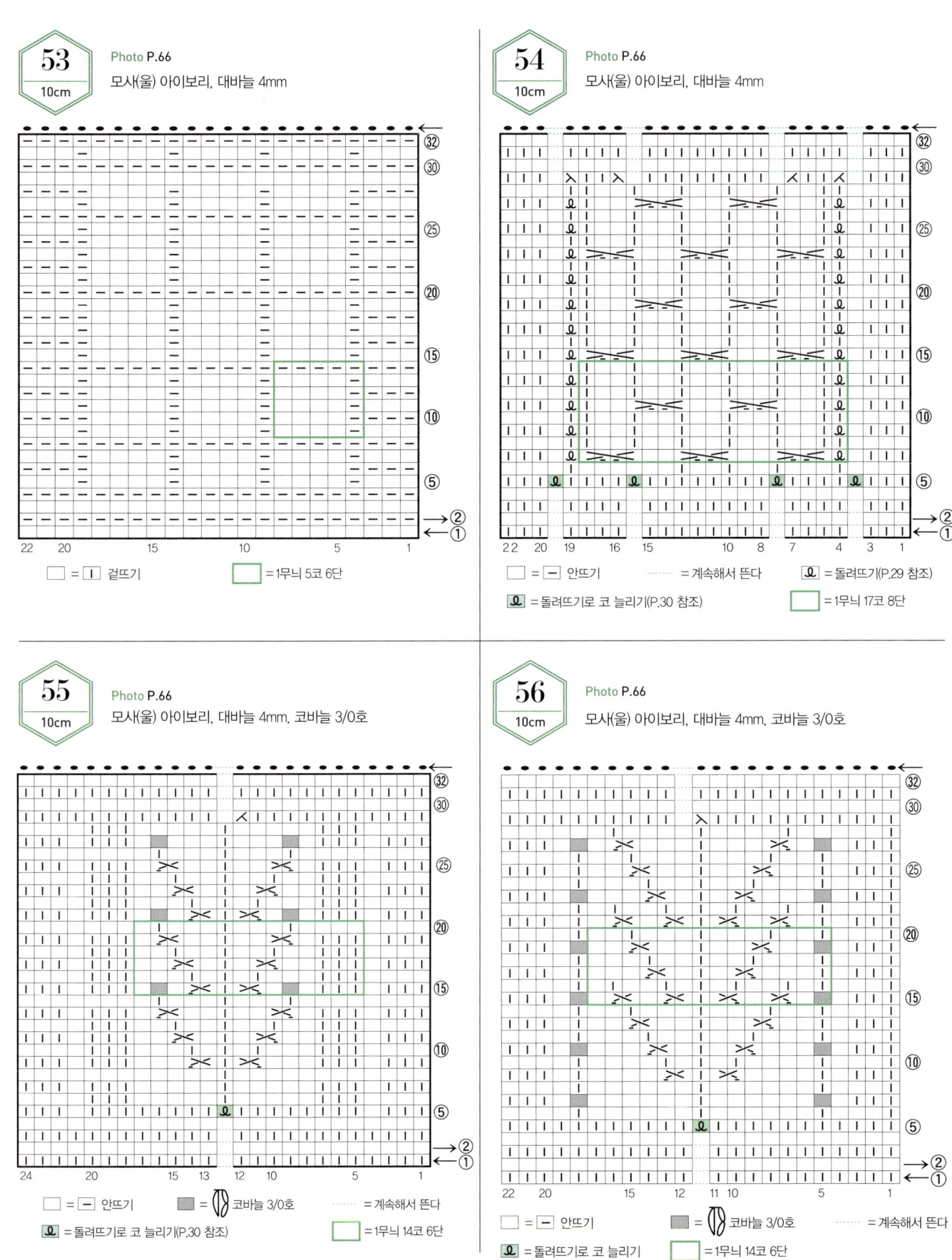

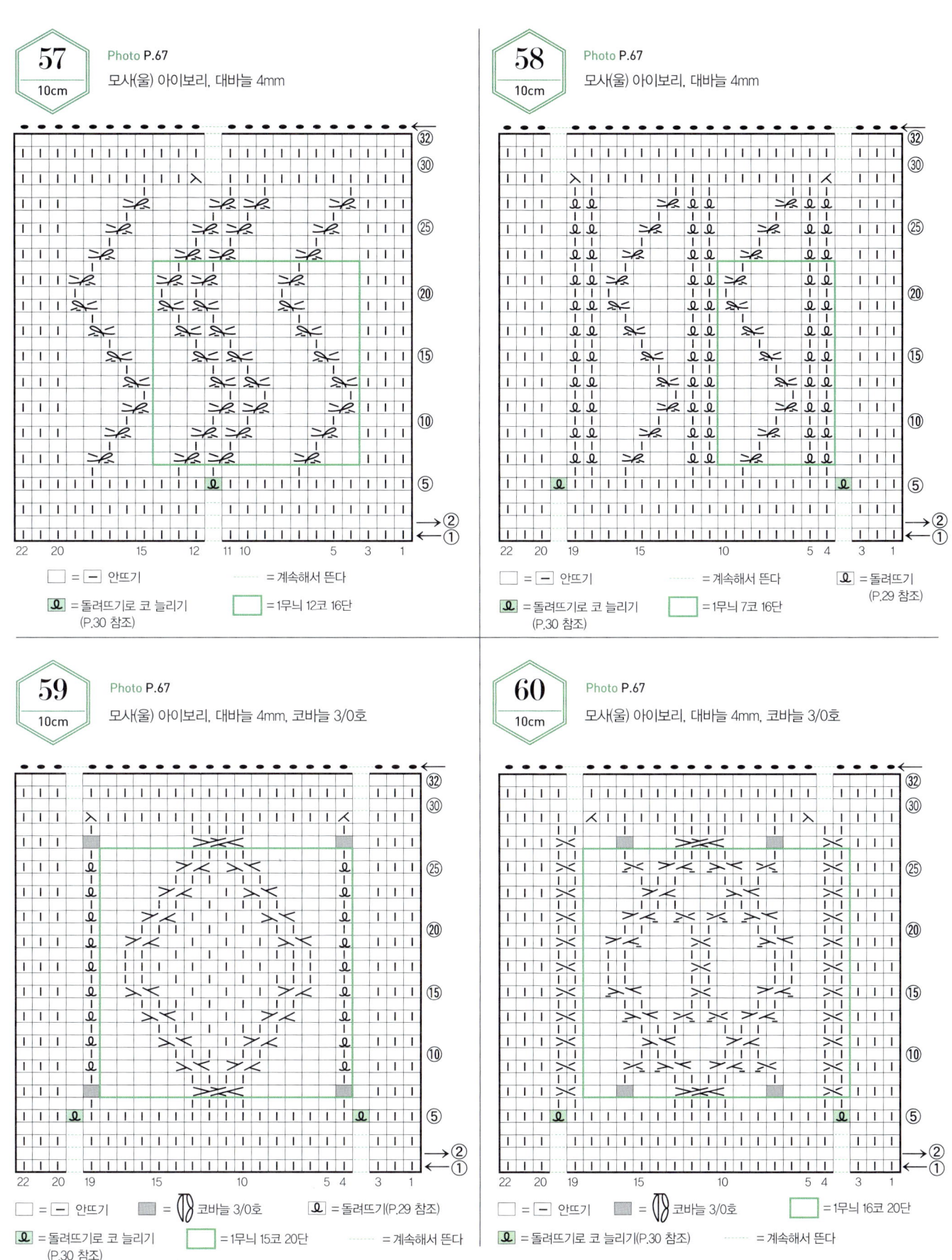

케이블 & 버블

61
20x15cm

62
20x15cm

케이블 & 지그재그

뜨는 법 *P.72 design/making 이마무라 요코

트리니티(삼위일체) & 심플 케이블

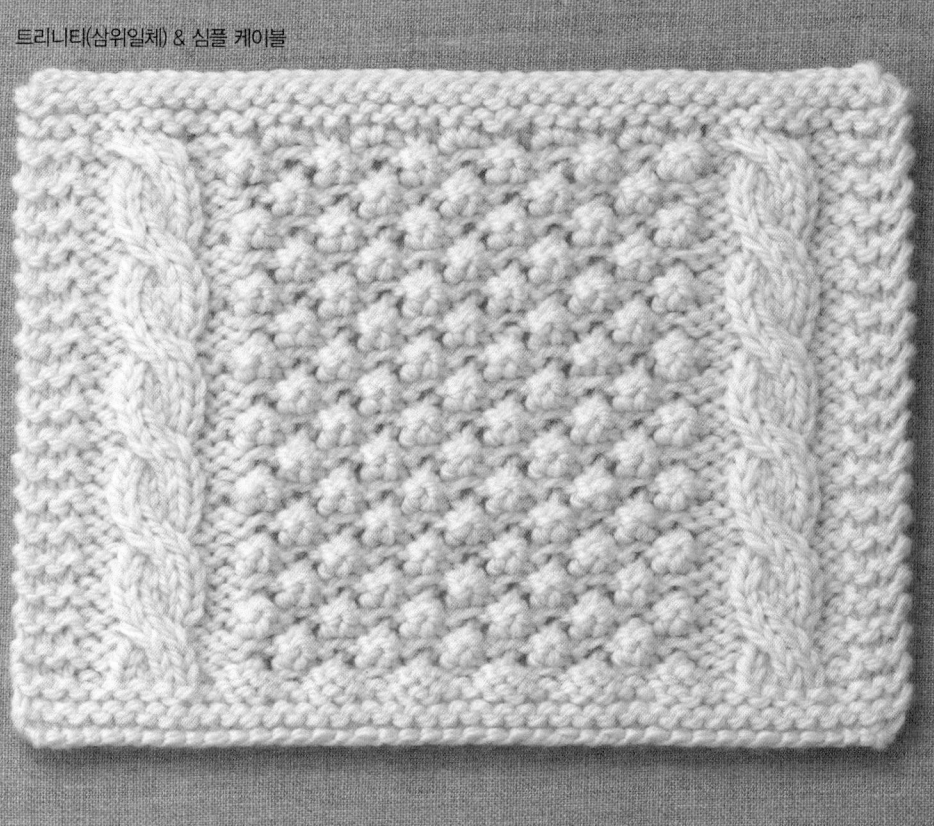

아란 허니콤(벌집) & 웨이브 오브 허니 스티치

63 20x15cm

64 20x15cm

뜨는 법 *P.73 design/making 이마무라 요코

61
20x15cm

Photo P.70

모사(울) 아이보리,
대바늘 4mm, 코바늘 6/0호

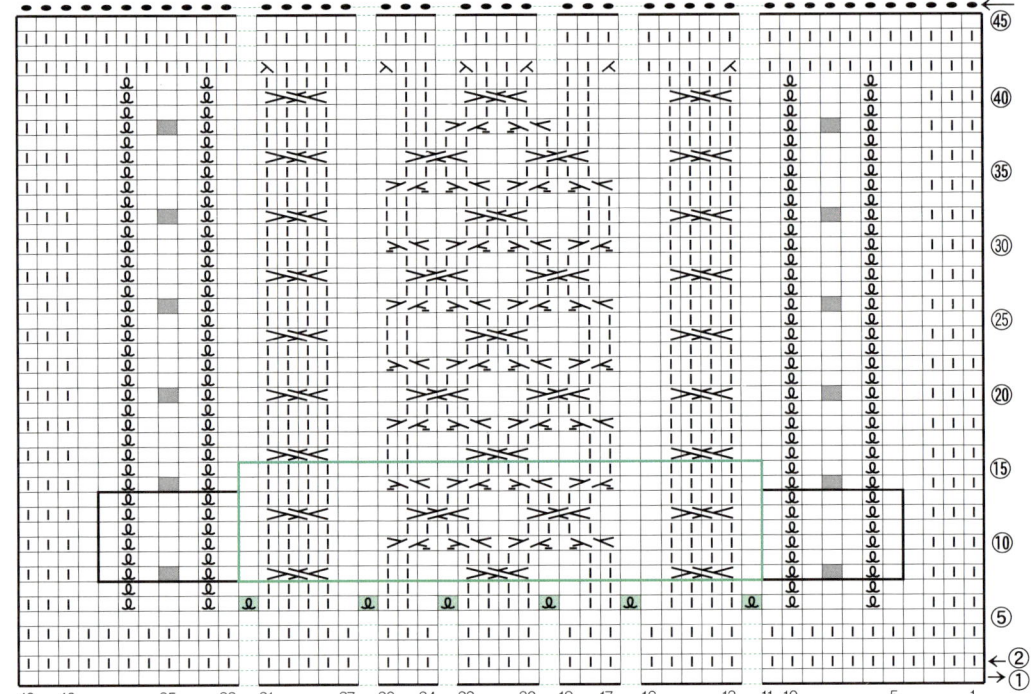

☐ = ⊟ 안뜨기
⚙ = 돌려뜨기로 코 늘리기
 (P.30 참조)
⚙ = 돌려뜨기
 (P.29 참조)
▨ = 코바늘 6/0호
▭ = 1무늬 7코 6단
▭ = 1무늬 26코 8단
⋯ = 계속해서 뜬다

※ 기초코 안쪽을 첫째 단으로 해서
떠 나간다(짝수 단이 겉쪽)

62
20x15cm

Photo P.70

모사(울) 아이보리,
대바늘 4mm

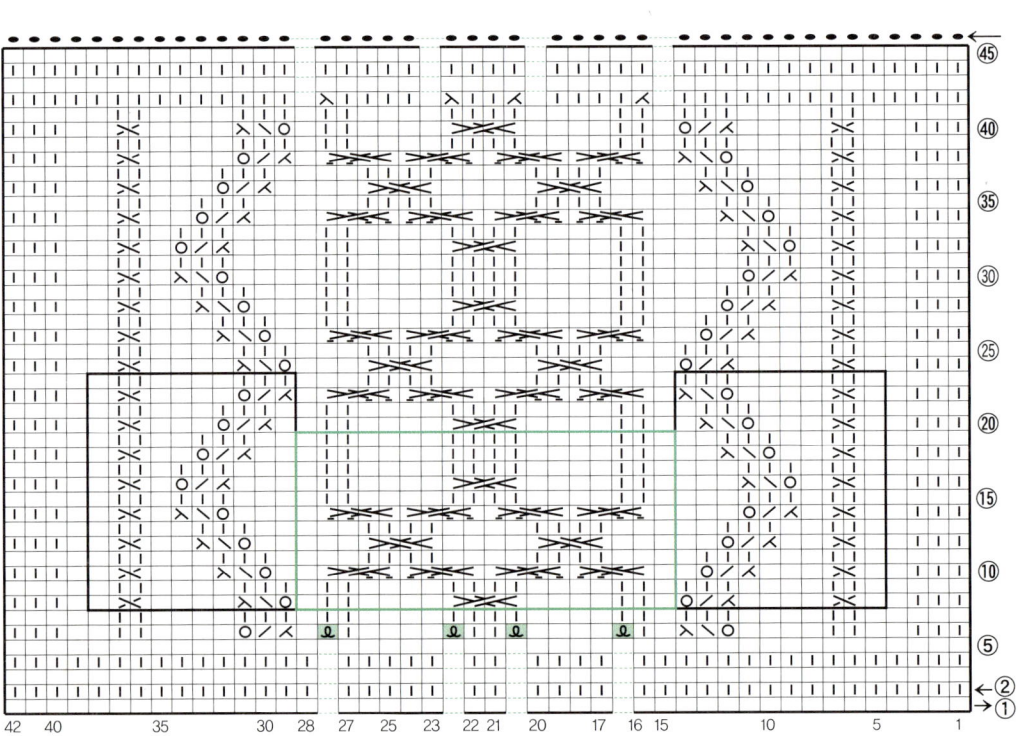

☐ = ⊟ 안뜨기
⚙ = 돌려뜨기로 코 늘리기
 (P.30 참조)
╱ ╲ = 겉뜨기를 한다
▭ = 1무늬 18코 12단
▭ = 1무늬 10코 16단
⋯ = 계속해서 뜬다

※ 기초코 안쪽을 첫째 단으로 해서
떠 나간다(짝수 단이 겉쪽)

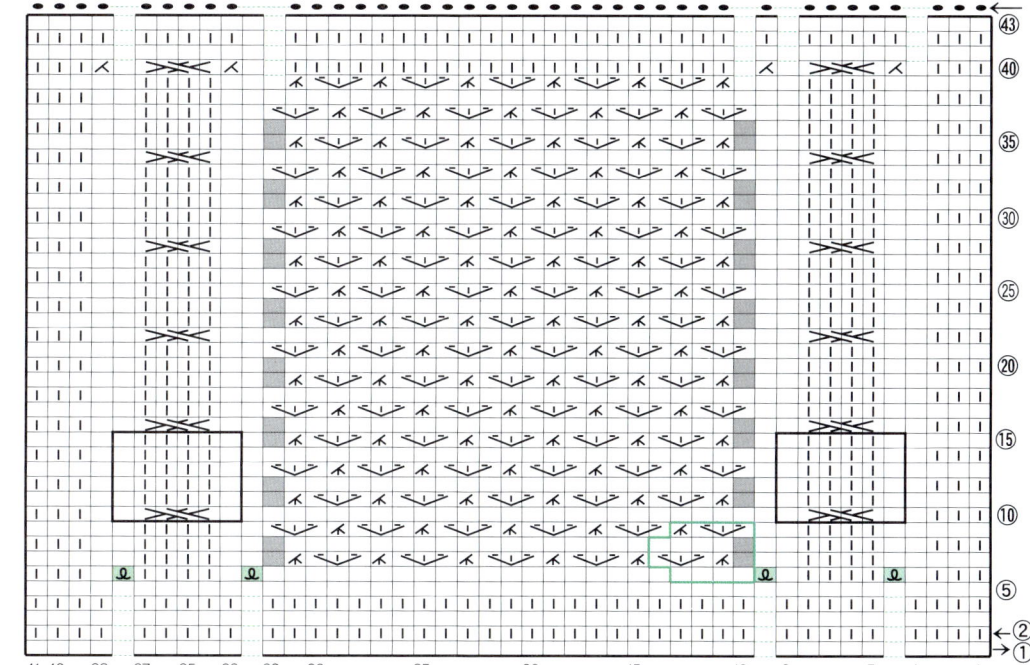

생명의 나무

65
20x15cm

66
20x15cm

케이블 & 생명의 나무

뜨는 법 *P.76 design/making 이마무라 요코

격자 & 더블 케이블 & 웨이브 케이블

67
20x15cm

68
20x15cm

다이아몬드

뜨는 법 *P.77 design/making 이마무라 요코

65
20x15cm

Photo P.74

모사(울) 베이지,
대바늘 4mm, 코바늘 6/0호

☐ = ⊟ 안뜨기
⚹ = 돌려뜨기로 코 늘리기 (P.30 참조)
⚹ = 돌려뜨기(P.29 참조)
▨ = 코바늘 6/0호
▭ = 1무늬 17코 20단
⋯ = 계속해서 뜬다

※기초코 안쪽을 첫째 단으로 해서
 떠 나간다(짝수 단이 겉쪽)

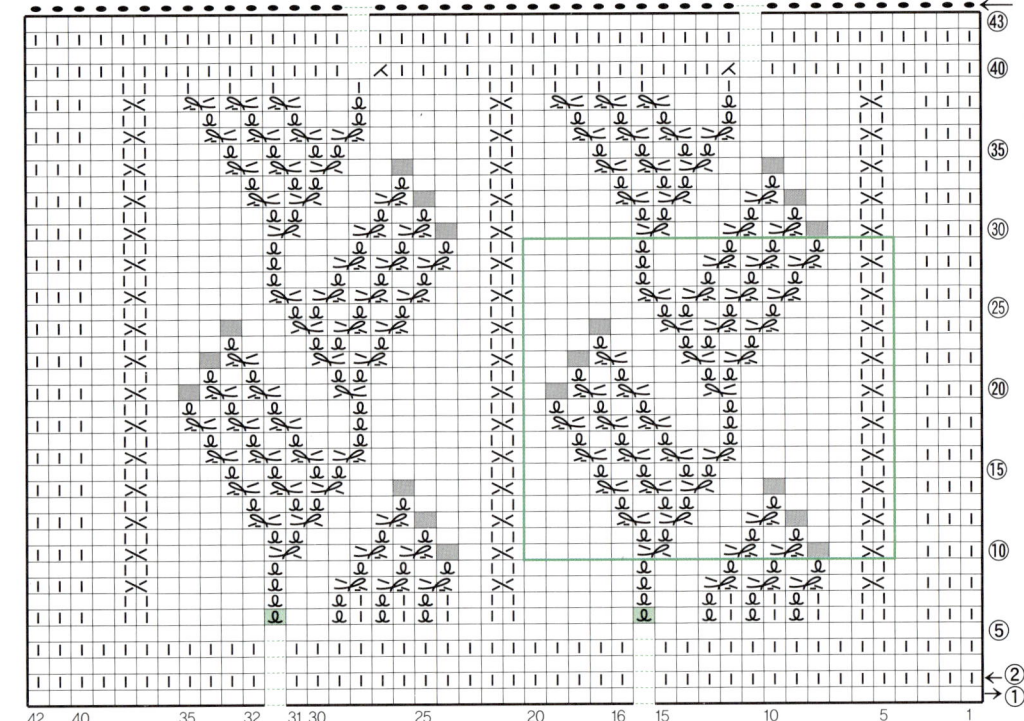

66
20x15cm

Photo P.74
Point Lesson P.22~23

모사(울) 베이지,
대바늘 4mm, 코바늘 6/0호

☐ = ⊟ 안뜨기
⚹ = 돌려뜨기로 코 늘리기 (P.30 참조)
⚹ = 돌려뜨기(P.29 참조)
▨ = 코바늘 6/0호
▭ = 1무늬 11코 8단
▭ = 1무늬 14코 16단
⋯ = 계속해서 뜬다

※기초코 안쪽을 첫째 단으로 해서
 떠 나간다(짝수 단이 겉쪽)

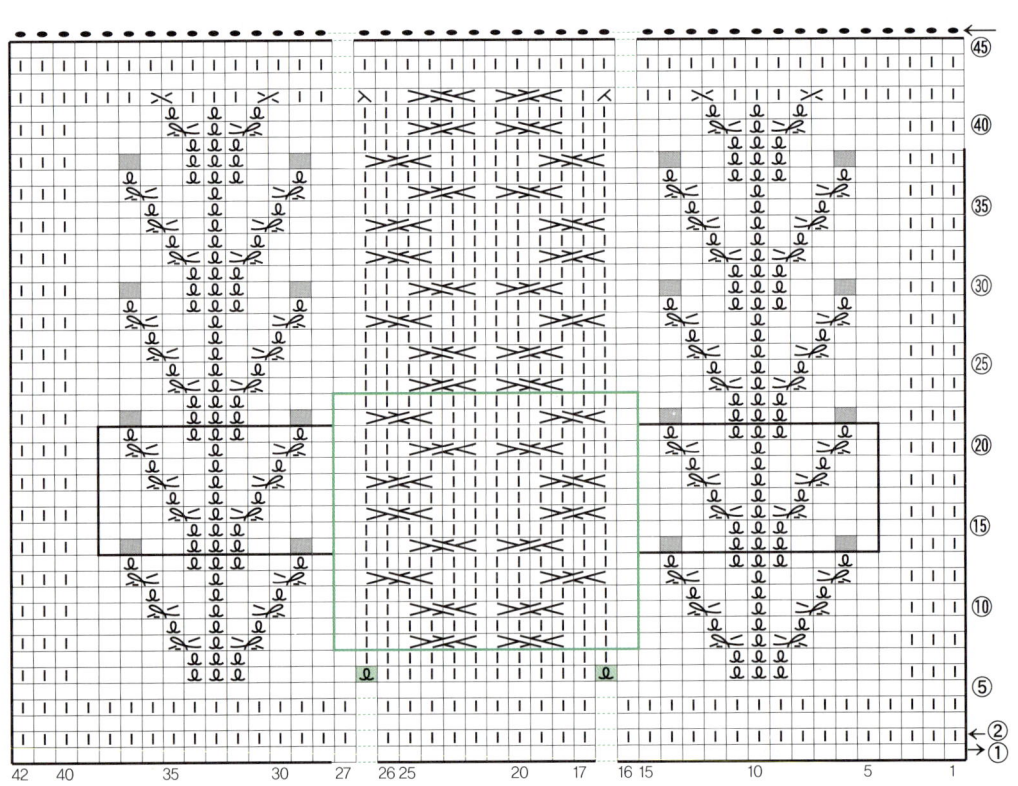

67
20x15cm

Photo P.75

모사(울) 베이지,
대바늘 4mm

□ = ― 안뜨기
ℚ = 돌려뜨기로 코 늘리기 (P.30 참조)
ℚ = 돌려뜨기(P.29 참조)
□ = 1무늬 13코 4단
□ = 1무늬 16코 24단
┈ = 계속해서 뜨다

※기초코 안쪽을 첫째 단으로 해서
  떠 나간다(짝수 단이 겉쪽)

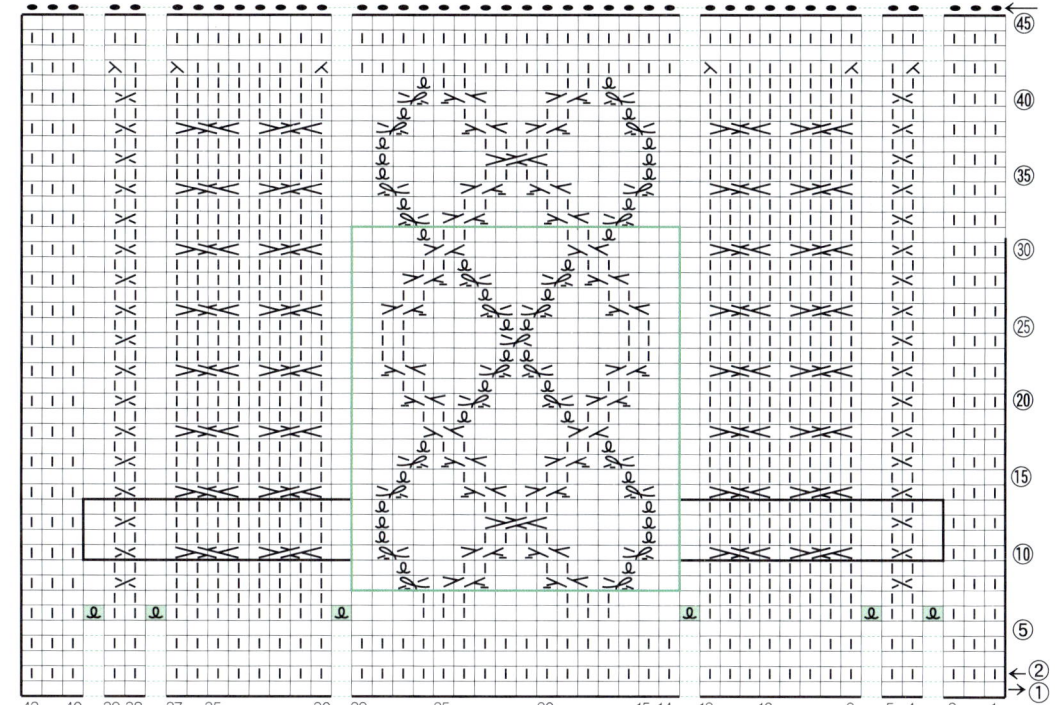

68
20x15cm

Photo P.75

모사(울) 베이지,
대바늘 4mm

□ = ― 안뜨기
ℚ = 돌려뜨기로 코 늘리기 (P.30 참조)
□ = 1무늬 20코 30단
┈ = 계속해서 뜨다

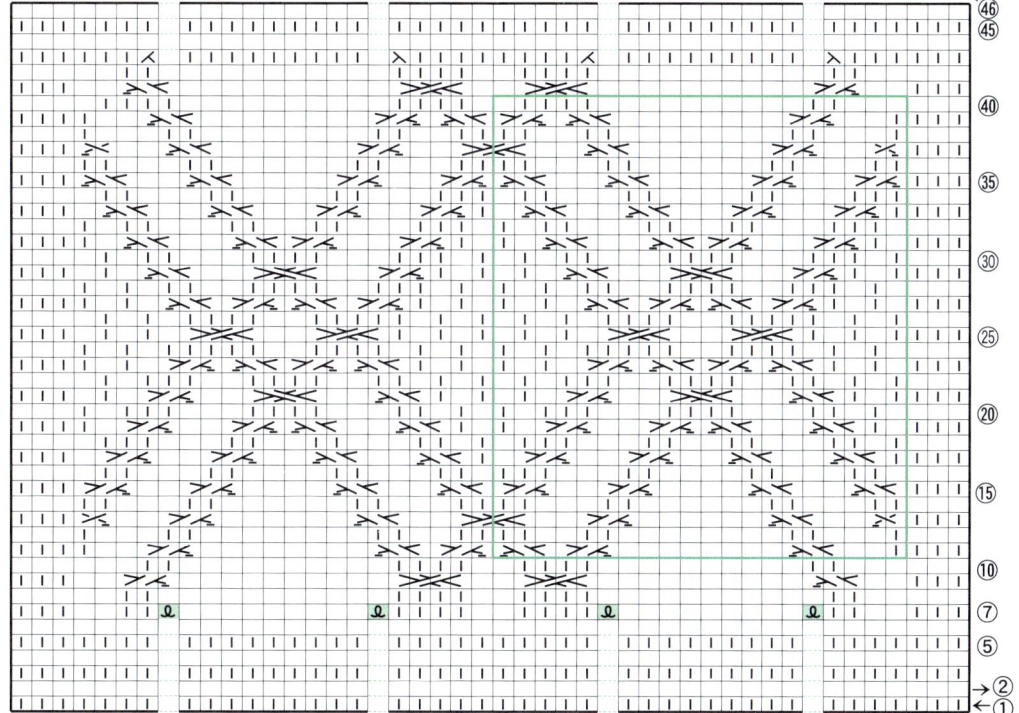

지그재그

⬡ **69**
20x15cm

⬡ **70**
20x15cm

케이블 & 생명의 나무

뜨는 법 *P.80 design/making 조자 가즈코

생명의 나무

71
20x15cm

72
20x15cm

생명의 나무

뜨는 법 *P.81 design/making 조자 가즈코

69
20x15cm

Photo P.78

모사(울) 아이보리,
대바늘 4mm, 코바늘 3/0호

☐ = ⊟ 안뜨기

ℚ = 돌려뜨기로 코 늘리기
　　(P.30 참조)

■ = 🍃 코바늘 3/0호

▢ = 1무늬 28코 20단

⋯⋯ = 계속해서 뜬다

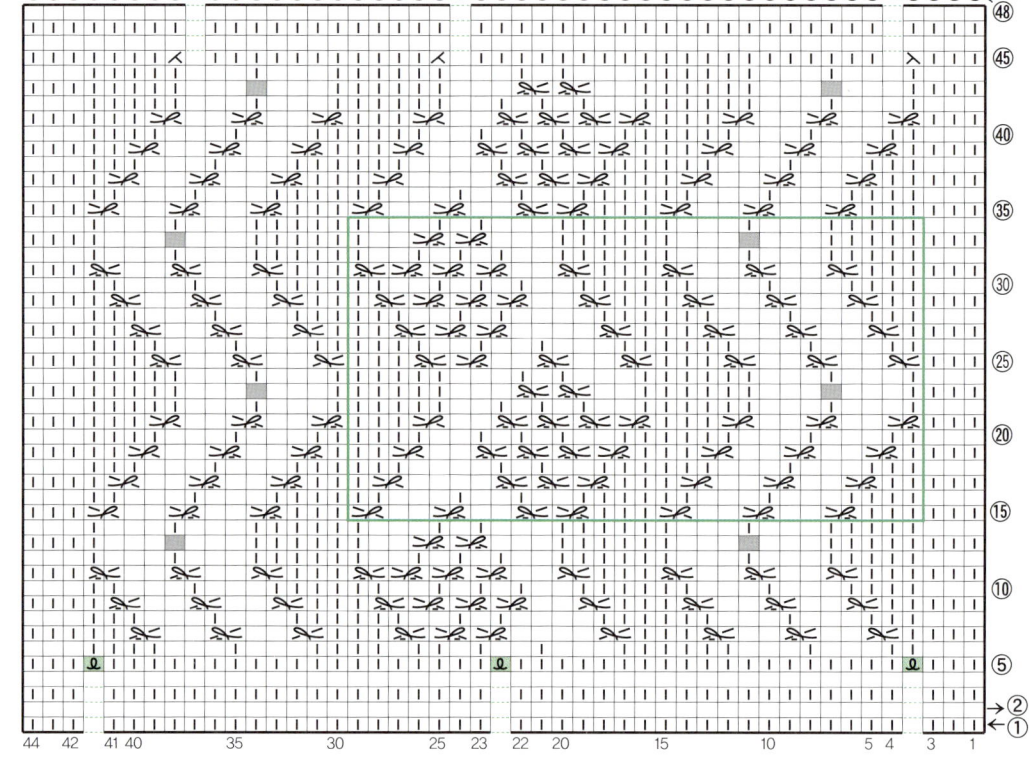

70
20x15cm

Photo P.78

모사(울) 아이보리,
대바늘 4mm, 코바늘 3/0호

☐ = ⊟ 안뜨기

ℚ = 돌려뜨기로 코 늘리기
　　(P.30 참조)

ℚ = 돌려뜨기(P.29 참조)

■ = 🍃 코바늘 3/0호

▢ = 1무늬 9코 16단

▢ = 1무늬 27코 20단

⋯⋯ = 계속해서 뜬다

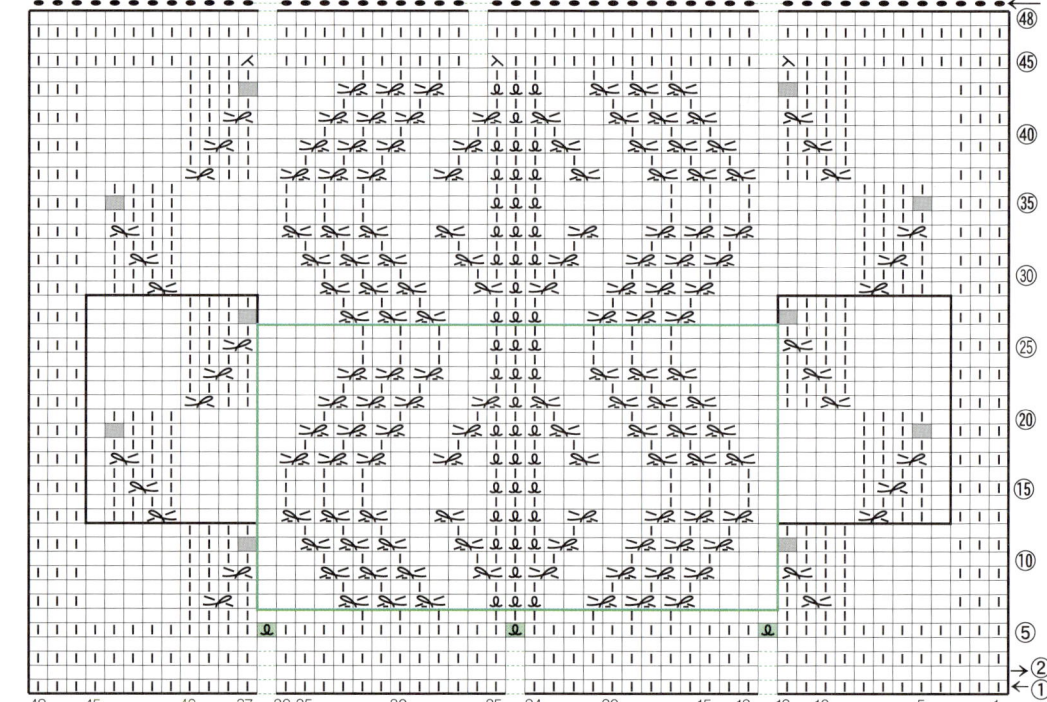

71
20x15cm

Photo P.79

모사(울) 아이보리,
대바늘 4mm, 코바늘 3/0호

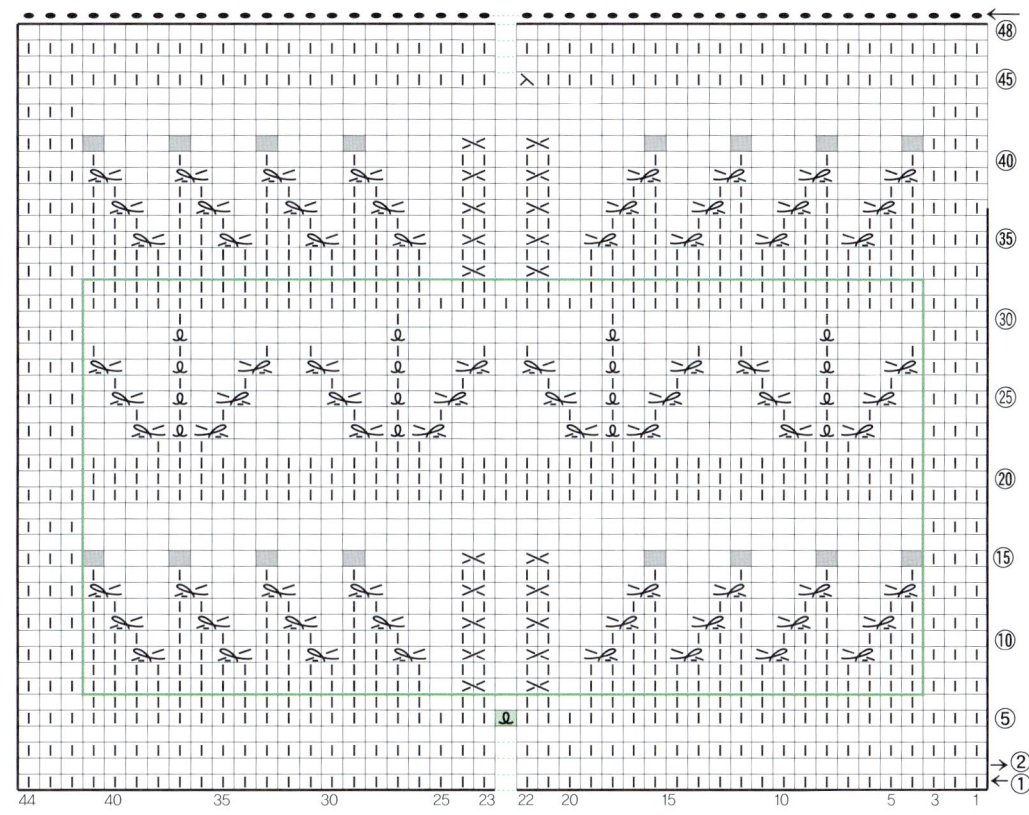

☐ = ― 안뜨기
ℚ = 돌려뜨기로 코 늘리기 (P.30 참조)
ℚ = 돌려뜨기(P.29 참조)
▨ = 🖊 코바늘 3/0호
▭ = 1무늬 39코 26단
⋯ = 계속해서 뜬다

72
20x15cm

Photo P.79

모사(울) 아이보리,
대바늘 4mm, 코바늘 3/0호

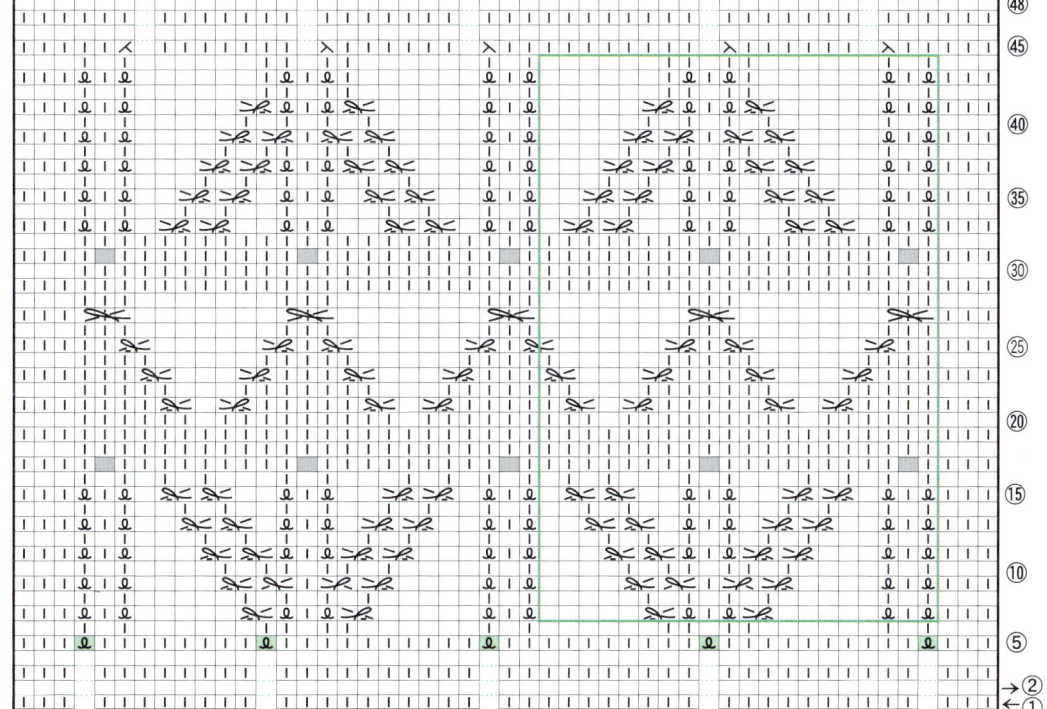

☐ = ― 안뜨기
ℚ = 돌려뜨기로 코 늘리기 (P.30 참조)
ℚ = 돌려뜨기(P.29 참조)
▨ = 🖊 코바늘 3/0호
▭ = 1무늬 20코 38단
⋯ = 계속해서 뜬다

73

74

75

76

뜨는 법 *P.84 design/making 이마무라 요코

뜨는 법 *P.85 design/making 이마무라 요코

73
약 29cm

Photo P.82

모사(울) 아이보리,
대바늘 4mm

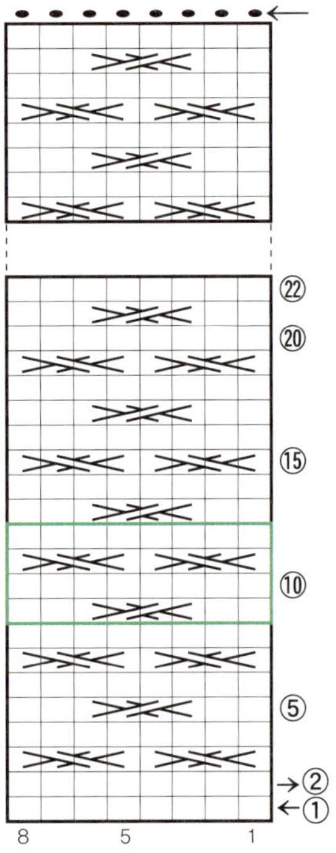

☐ = ｜ 겉뜨기

☐ = 1무늬 4단

※ ⑨~⑫를 되풀이하여 뜬다.

74
약 30cm

Photo P.82

모사(울) 아이보리,
대바늘 4mm

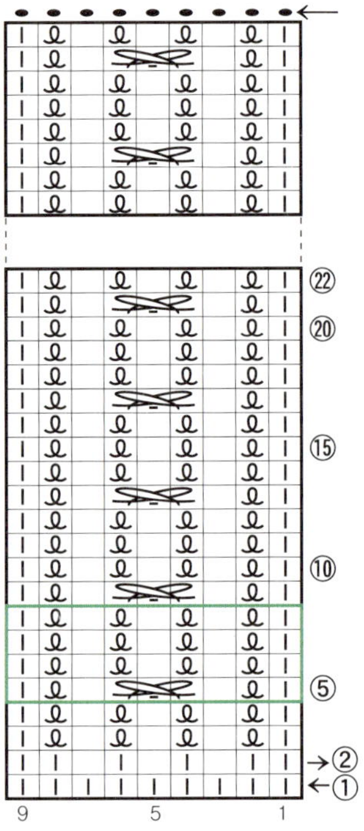

☐ = ─ 안뜨기

Ω = 돌려뜨기(P.29 참조)

☐ = 1무늬 4단

※ ⑤~⑧을 되풀이하여 뜬다.

75
약 31cm

Photo P.82

모사(울) 아이보리,
대바늘 4mm

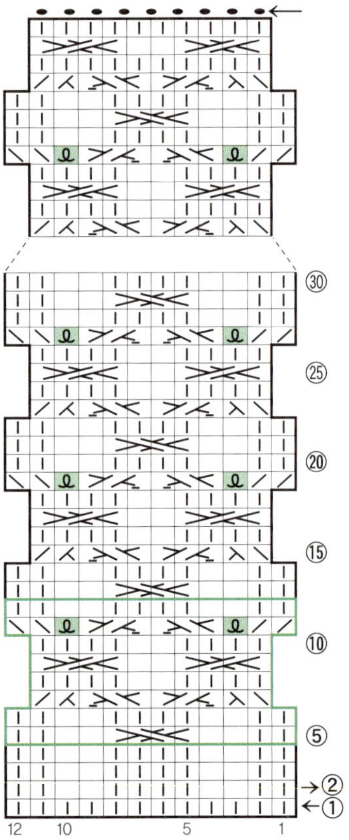

☐ = ─ 안뜨기

Ω = 돌려뜨기로 코 늘리기 (P.30 참조)

╱ ╲ = 겉뜨기를 한다

☐ = 1무늬 8단

※ ⑤~⑫를 되풀이하여 뜬다.

76
약 35cm

Photo P.82
Point Lesson P.31

모사(울) 아이보리,
대바늘 4mm

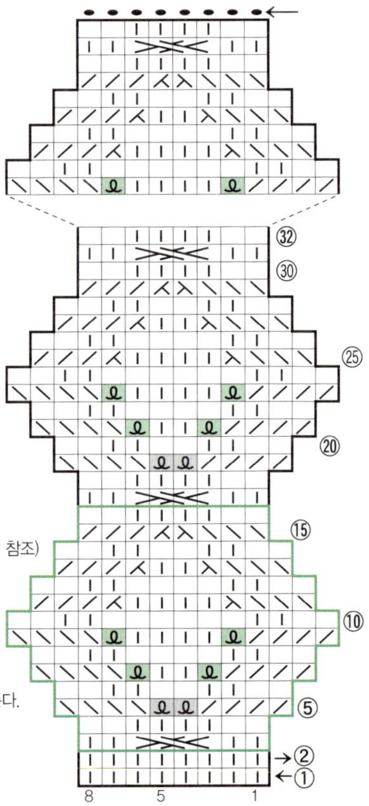

☐ = ─ 안뜨기

Ω · ΩΩ = 돌려뜨기로 코늘리기(P.31 참조)

╱ ╲ = 겉뜨기를 한다

☐ = 1무늬 14단

※ ③~⑯을 되풀이하여 뜬다.

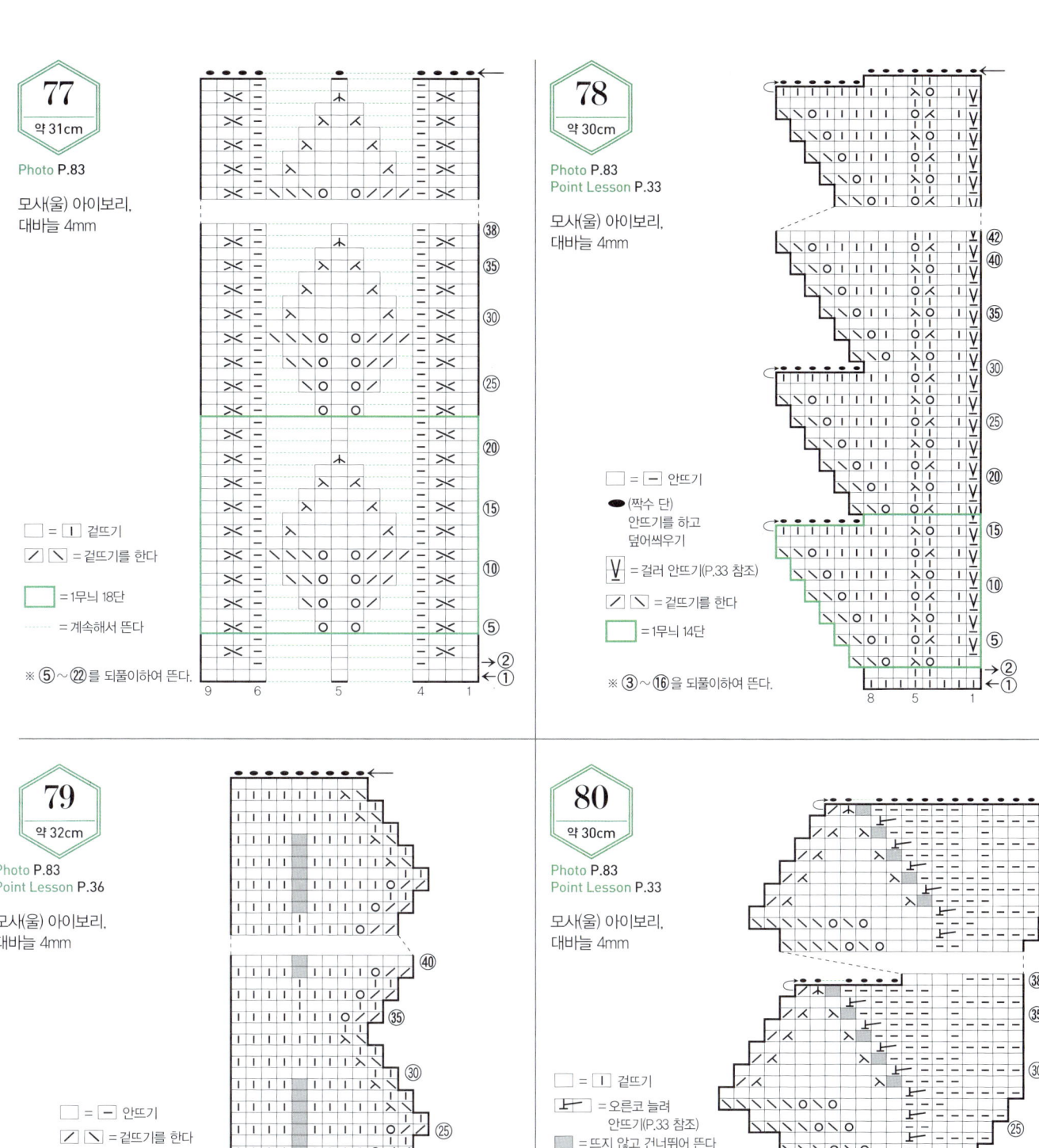

PART 3 페어아일 무늬

뜨는 법 *P.88 design/making 가제코보

다양한 색을 사용한 배색 무늬로 표현하는 것이 특징인 페어아일 무늬는 마치 그림처럼 아름답지요.
색 조합에도 신경 써서 컬러풀하고 멋진 무늬로 마무리해 보세요.

85 10cm

86 10cm

87 10cm

88 10cm

뜨는 법 *P.89 design/making 가제코보

81
Photo P.86
모사(울) 다홍, 와인레드, 분홍, 연한 분홍, 대바늘 3.5mm

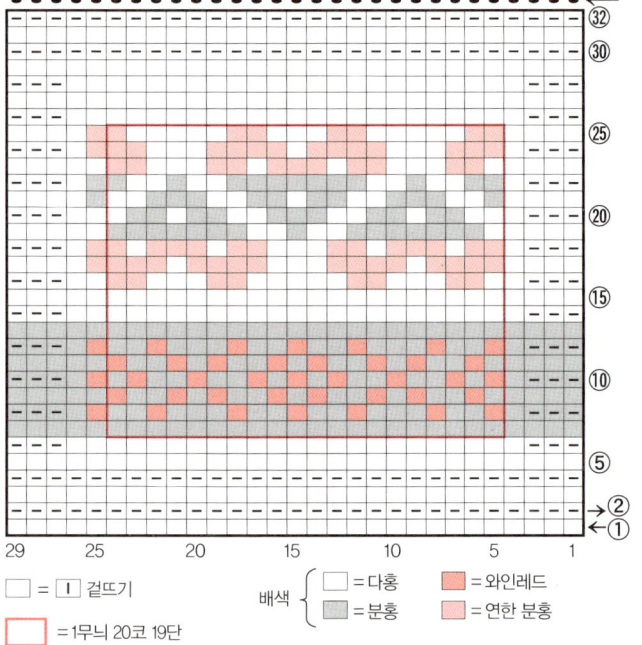

□ = ｜ 겉뜨기
□ = 1무늬 20코 19단
배색 { □ = 다홍, ■ = 와인레드, ■ = 분홍, ■ = 연한 분홍 }

82
Photo P.86
모사(울) 진한 빨강, 밝은 빨강, 연한 분홍, 빨간 주황, 대바늘 3.5mm

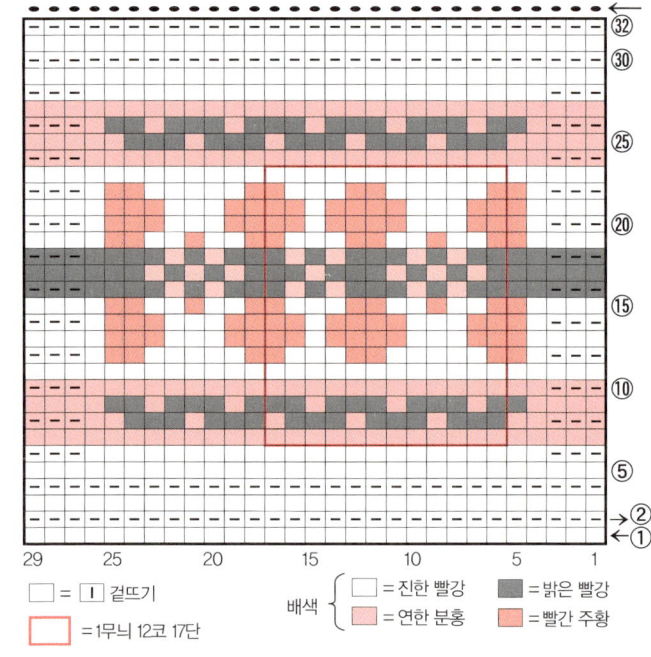

□ = ｜ 겉뜨기
□ = 1무늬 12코 17단
배색 { □ = 진한 빨강, ■ = 밝은 빨강, ■ = 연한 분홍, ■ = 빨간 주황 }

83
Photo P.86
모사(울) 와인레드, 밝은 빨강, 분홍, 밝은 자주, 대바늘 3.5mm

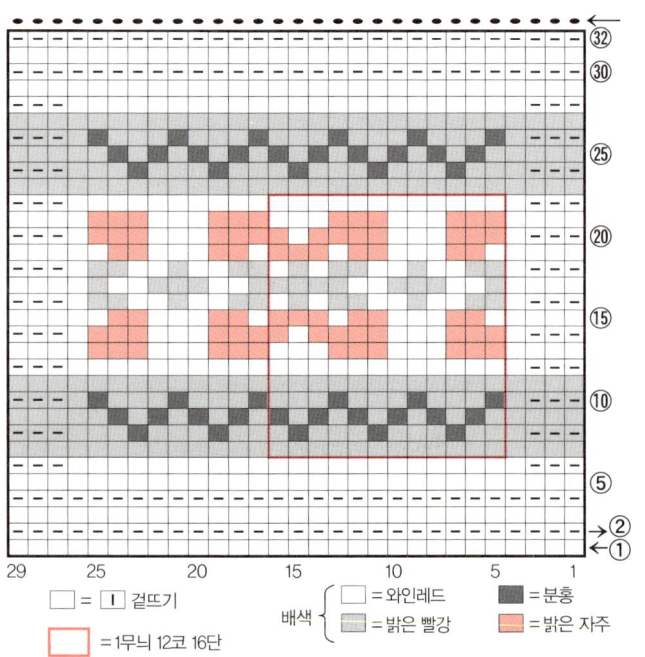

□ = ｜ 겉뜨기
□ = 1무늬 12코 16단
배색 { □ = 와인레드, ■ = 분홍, ■ = 밝은 빨강, ■ = 밝은 자주 }

84
Photo P.86
모사(울) 진한 붉은 자주, 빨간 자주, 복숭아색, 진한 빨강, 흐린 분홍, 대바늘 3.5mm

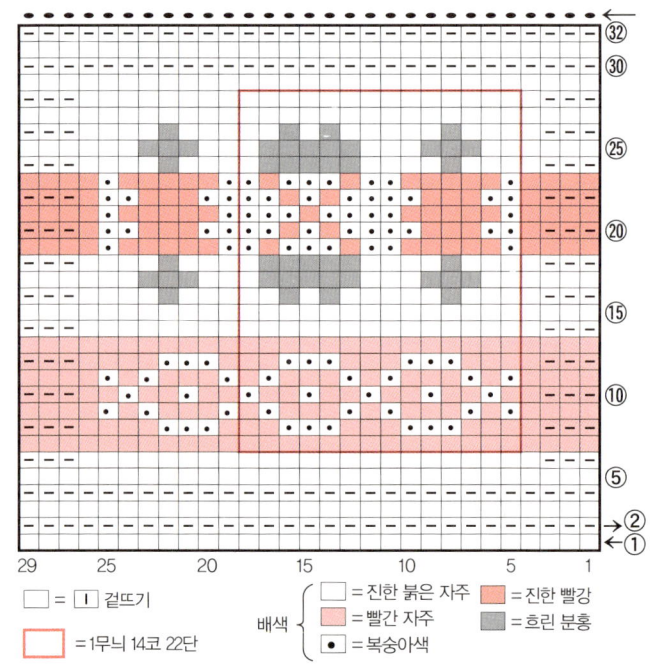

□ = ｜ 겉뜨기
□ = 1무늬 14코 22단
배색 { □ = 진한 붉은 자주, ■ = 빨간 자주, • = 복숭아색, ■ = 진한 빨강, ■ = 흐린 분홍 }

85 10cm　Photo P.87
모사(울) 연한 파랑, 흰파랑, 파랑, 남색, 밝은 녹회색, 코발트블루, 대바늘 3.5mm

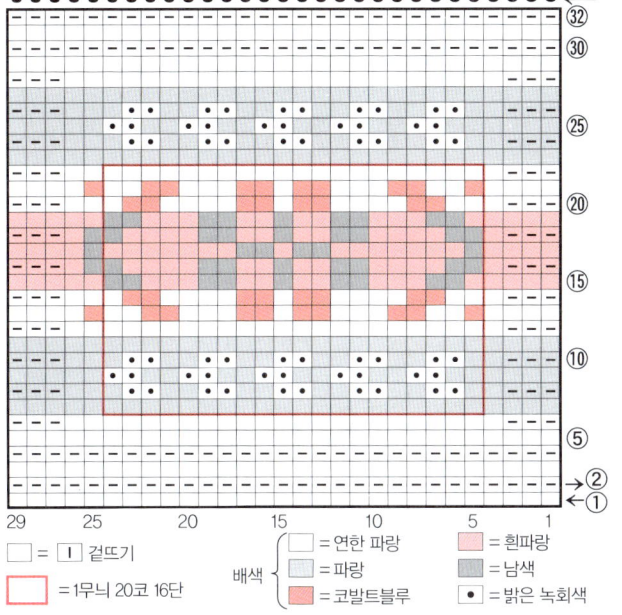

□ = | 겉뜨기
□ = 1무늬 20코 16단

배색 { □ = 연한 파랑　□ = 흰파랑
　　　 □ = 파랑　　　　 □ = 남색
　　　 □ = 코발트블루　 • = 밝은 녹회색

86 10cm　Photo P.87
모사(울) 흐린 파랑, 흰파랑, 회청색, 남색, 남보라, 연한 파랑, 대바늘 3.5mm

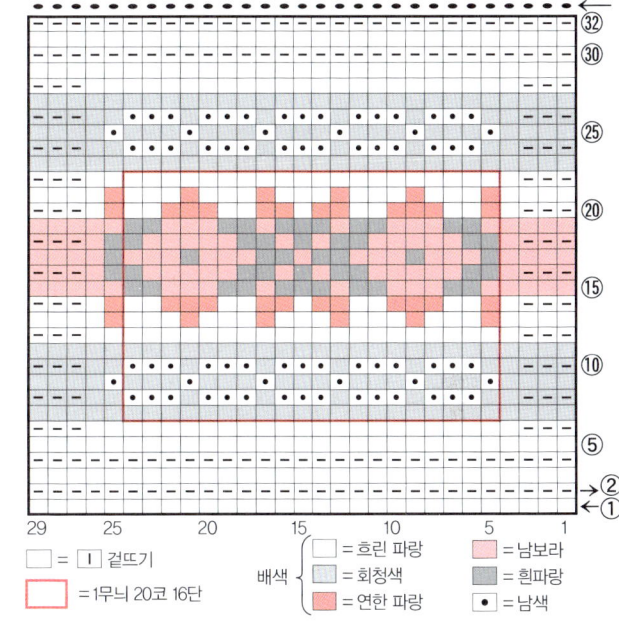

□ = | 겉뜨기
□ = 1무늬 20코 16단

배색 { □ = 흐린 파랑　□ = 남보라
　　　 □ = 회청색　　□ = 흰파랑
　　　 □ = 연한 파랑　• = 남색

87 10cm　Photo P.87
모사(울) 밝은 녹회색, 밝은 파랑, 남보라, 코발트블루, 흰파랑, 대바늘 3.5mm

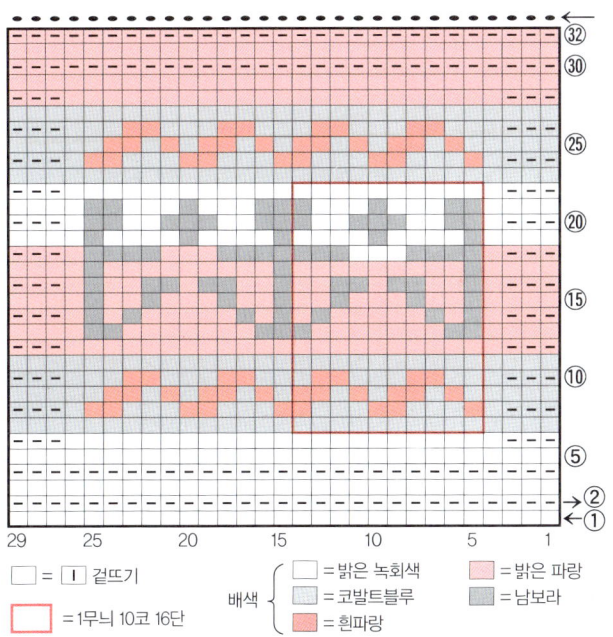

□ = | 겉뜨기
□ = 1무늬 10코 16단

배색 { □ = 밝은 녹회색　□ = 밝은 파랑
　　　 □ = 코발트블루　□ = 남보라
　　　 □ = 흰파랑

88 10cm　Photo P.87
모사(울) 흰파랑, 연한 파랑, 밝은 남색, 회청색, 네이비블루, 파랑, 대바늘 3.5mm

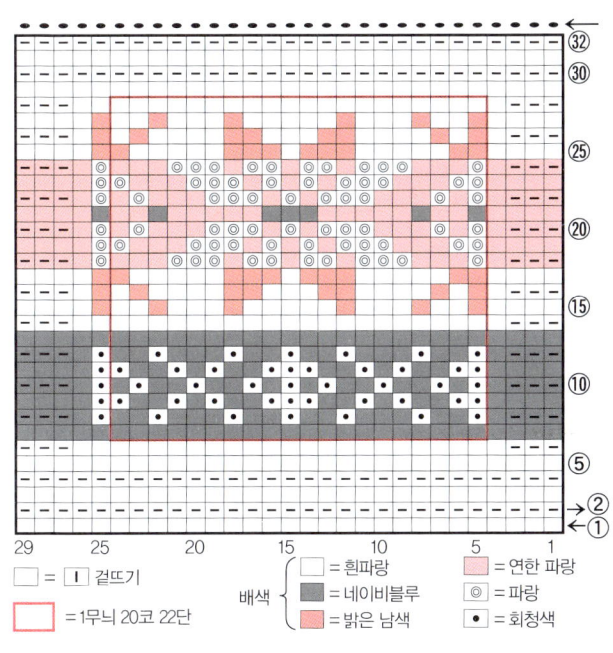

□ = | 겉뜨기
□ = 1무늬 20코 22단

배색 { □ = 흰파랑　　□ = 연한 파랑
　　　 □ = 네이비블루　◎ = 파랑
　　　 □ = 밝은 남색　• = 회청색

89
15cm

90
15cm

91
15cm

92
15cm

뜨는 법 *P.92 design/making 가제코보

93
15cm

94
15cm

95
15cm

96
15cm

뜨는 법 *P.93 design/making 가제코보

89
15cm

Photo P.90

모사(울) 진한 초록, 밝은 파랑, 황녹색, 흐린 노란연두, 밝은 녹회색, 어두운 초록, 코발트블루, 대바늘 3.5mm

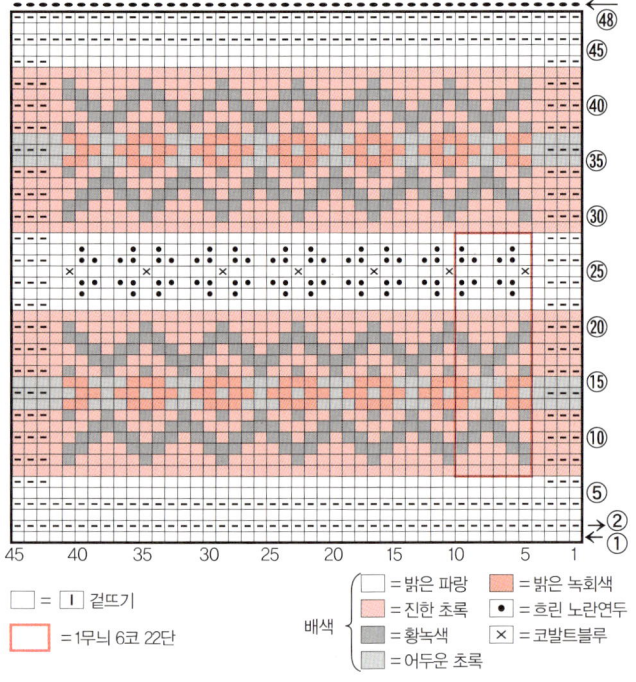

□ = ① 겉뜨기
▭ = 1무늬 6코 22단

배색:
- 밝은 파랑
- 진한 초록
- 황녹색
- 어두운 초록
- 밝은 녹회색
- 흐린 노란연두
- 코발트블루

90
15cm

Photo P.90

모사(울) 흐린 노란연두, 연한 노란연두, 밝은 파랑, 군청, 어두운 초록, 초록, 황녹색, 진한 초록, 청록, 대바늘 3.5mm

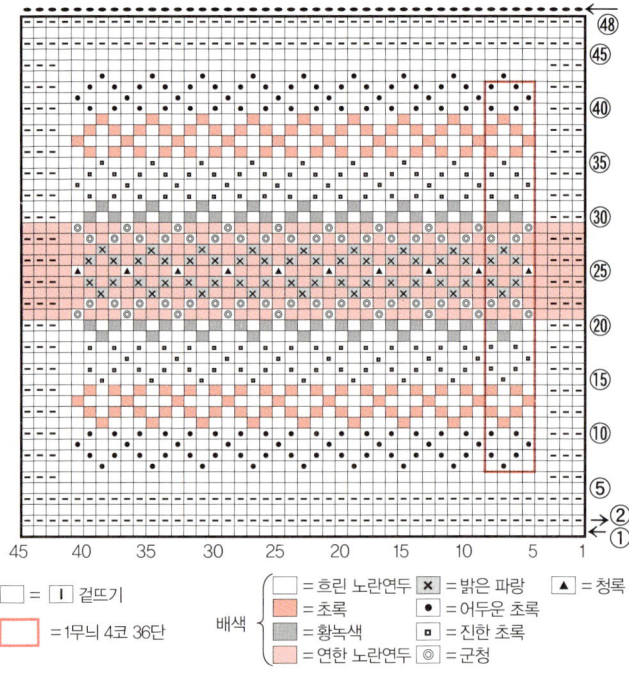

□ = ① 겉뜨기
▭ = 1무늬 4코 36단

배색:
- 흐린 노란연두
- 초록
- 황녹색
- 연한 노란연두
- × 밝은 파랑
- ● 어두운 초록
- ▫ 진한 초록
- ◎ 군청
- ▲ 청록

91
15cm

Photo P.90

모사(울) 밝은 회청록, 밝은 녹갈색, 흐린 노란연두, 올리브그린, 어두운 초록, 초록, 코발트블루, 녹갈색, 대바늘 3.5mm

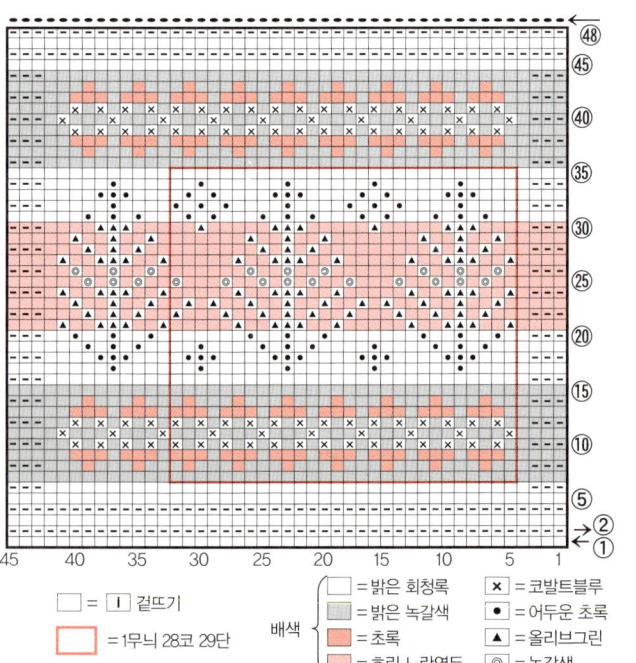

□ = ① 겉뜨기
▭ = 1무늬 28코 29단

배색:
- 밝은 회청록
- 밝은 녹갈색
- 초록
- 흐린 노란연두
- × 코발트블루
- ● 어두운 초록
- ▲ 올리브그린
- ◎ 녹갈색

92
15cm

Photo P.90

모사(울) 어두운 초록, 밝은 녹갈색, 녹갈색, 밝은 녹회색, 밝은 회청록, 흐린 노란연두, 밝은 파랑, 대바늘 3.5mm

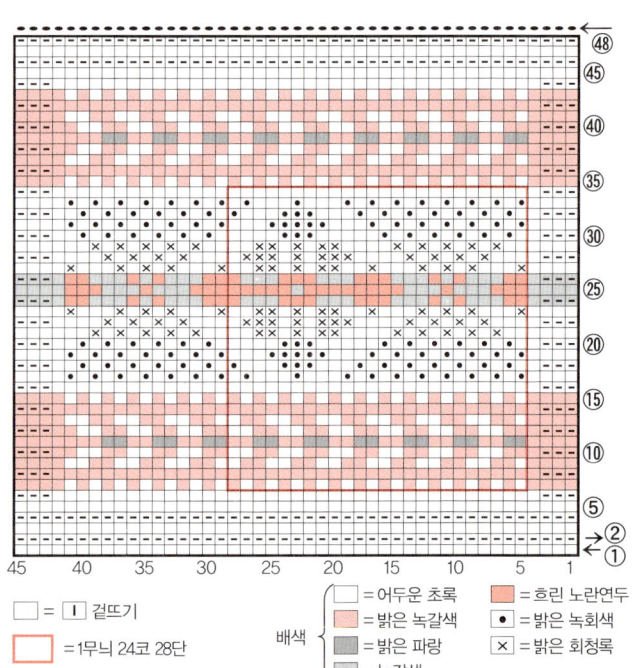

□ = ① 겉뜨기
▭ = 1무늬 24코 28단

배색:
- 어두운 초록
- 밝은 녹갈색
- 밝은 파랑
- 녹갈색
- 흐린 노란연두
- ● 밝은 녹회색
- × 밝은 회청록

93

Photo P.91

모사(울) 흰노랑, 밝은 회색, 겨자색, 황토색, 고동색, 흑갈색, 베이지, 갈색, 대바늘 3.5mm

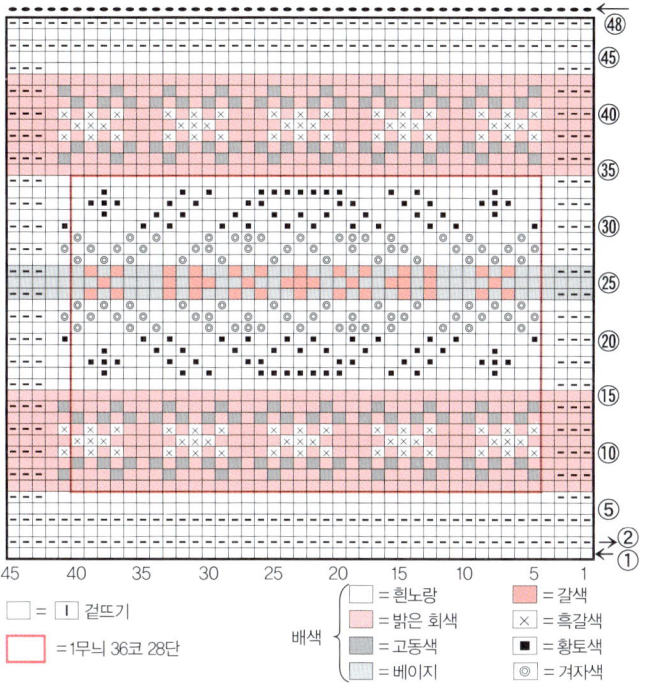

□ = Ⅰ 겉뜨기
▭ =1무늬 36코 28단

배색:
- □ = 흰노랑
- ▨ = 밝은 회색
- ▨ = 고동색
- ▨ = 베이지
- ▨ = 갈색
- × = 흑갈색
- ■ = 황토색
- ◎ = 겨자색

94

Photo P.91

모사(울) 모래색, 연한 노랑, 팥색, 밝은 갈색, 흑갈색, 빨간 갈색, 검은 갈색, 대바늘 3.5mm

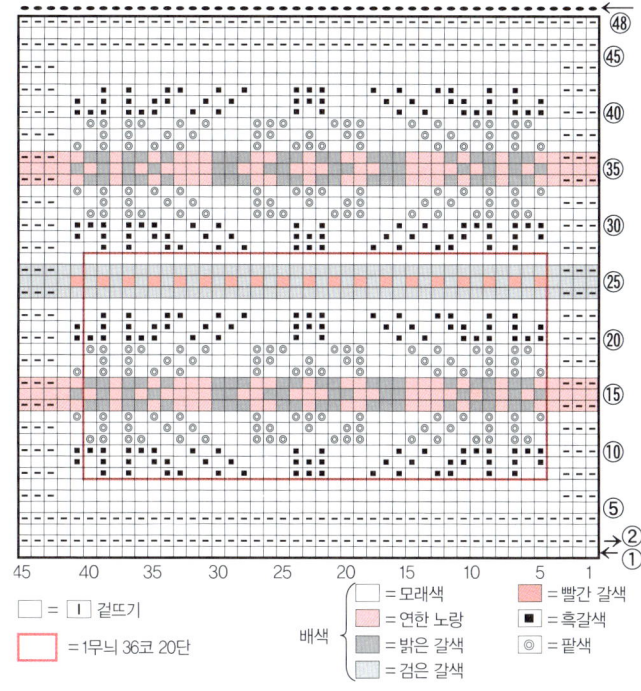

□ = Ⅰ 겉뜨기
▭ =1무늬 36코 20단

배색:
- □ = 모래색
- ▨ = 연한 노랑
- ▨ = 밝은 갈색
- ▨ = 검은 갈색
- ▨ = 빨간 갈색
- ■ = 흑갈색
- ◎ = 팥색

95

Photo P.91

모사(울) 연한 황갈색, 갈색, 밝은 갈색, 팥색, 빨간 갈색, 검은 갈색, 흐린 갈색, 대바늘 3.5mm

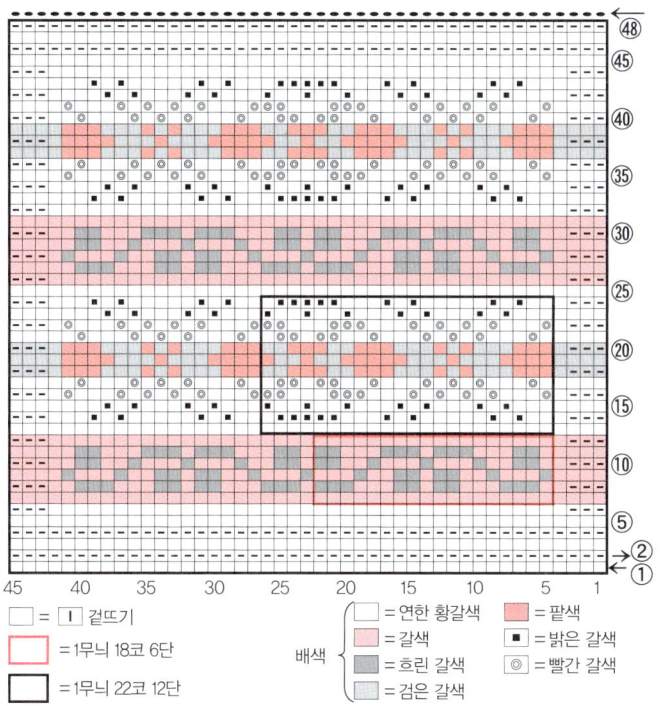

□ = Ⅰ 겉뜨기
▭ =1무늬 18코 6단
▭ =1무늬 22코 12단

배색:
- □ = 연한 황갈색
- ▨ = 갈색
- ▨ = 흐린 갈색
- ▨ = 검은 갈색
- ▨ = 팥색
- ■ = 밝은 갈색
- ◎ = 빨간 갈색

96

Photo P.91

모사(울) 밝은 회색, 회색, 흰노랑, 황토색, 팥색, 흑갈색, 캐러멜색, 갈색, 대바늘 3.5mm

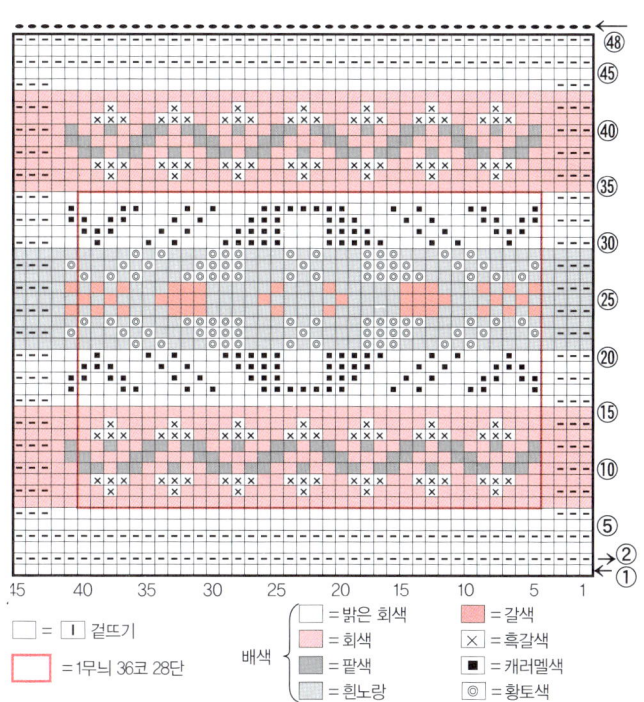

□ = Ⅰ 겉뜨기
▭ =1무늬 36코 28단

배색:
- □ = 밝은 회색
- ▨ = 회색
- ▨ = 팥색
- ▨ = 흰노랑
- ▨ = 갈색
- × = 흑갈색
- ■ = 캐러멜색
- ◎ = 황토색

97
20x15cm

98
20x15cm

뜨는 법 *P.96　design/making 가제코보

99
20x15cm

100
20x15cm

뜨는 법 ＊P.97 design/making 가제코보

97 20x15cm Photo P.94

모사(울) 흰노랑, 주황, 연한 노란연두, 살구색, 진한 붉은 자주, 빨간 자주, 밝은 자주, 와인레드, 흰파랑, 대바늘 3.5mm

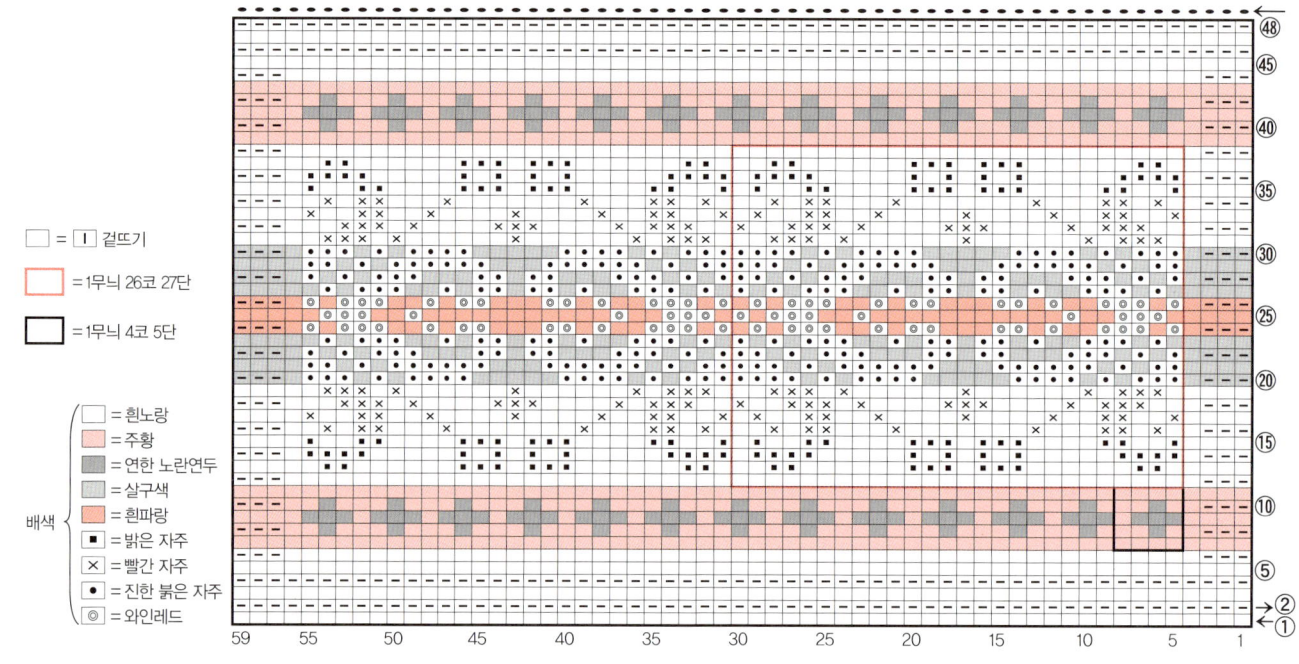

98 20x15cm Photo P.94

모사(울) 밝은 갈색, 모래색, 흰노랑, 밝은 빨강, 분홍, 다홍, 살구색, 대바늘 3.5mm

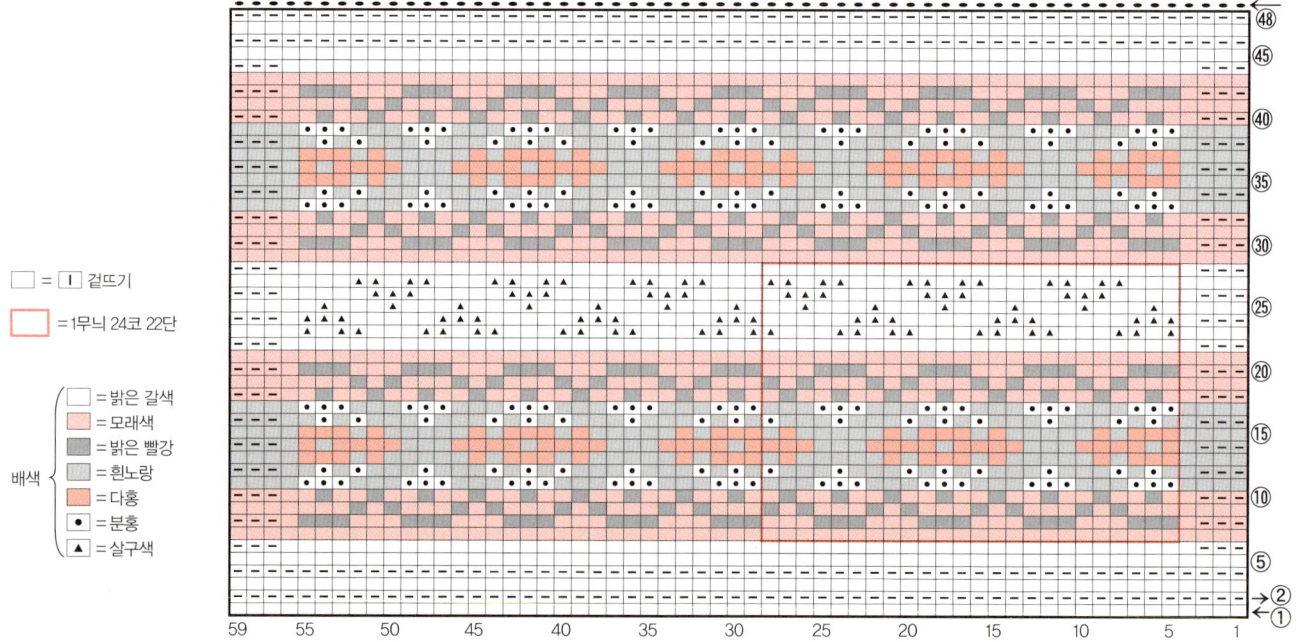

99
20x15cm

Photo P.95

모사(울) 베이지, 밝은 회청록, 밝은 보라, 밝은 녹회색, 진한 보라, 진한 붉은 자주, 남청, 보라, 대바늘 3.5mm

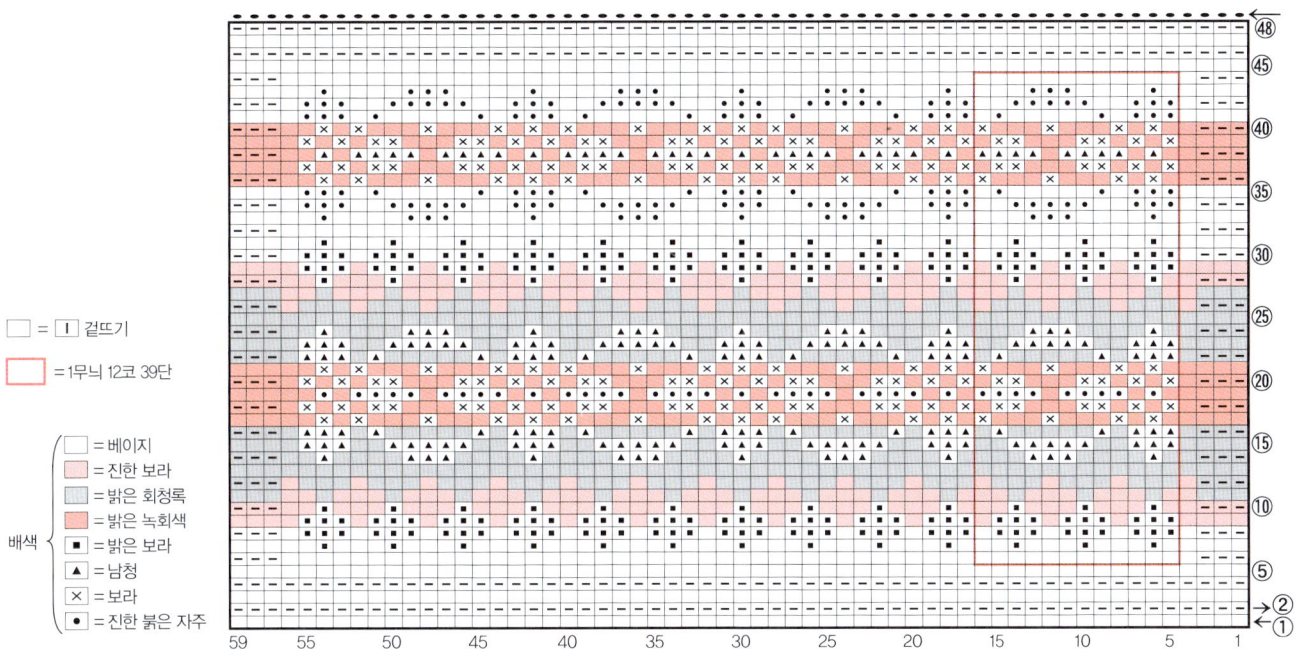

100
20x15cm

Photo P.95

모사(울) 흐린 파랑, 밝은 회색, 코발트블루, 밝은 파랑, 흰노랑, 베이지, 연한 노랑, 흐린 노란연두, 녹황색, 대바늘 3.5mm

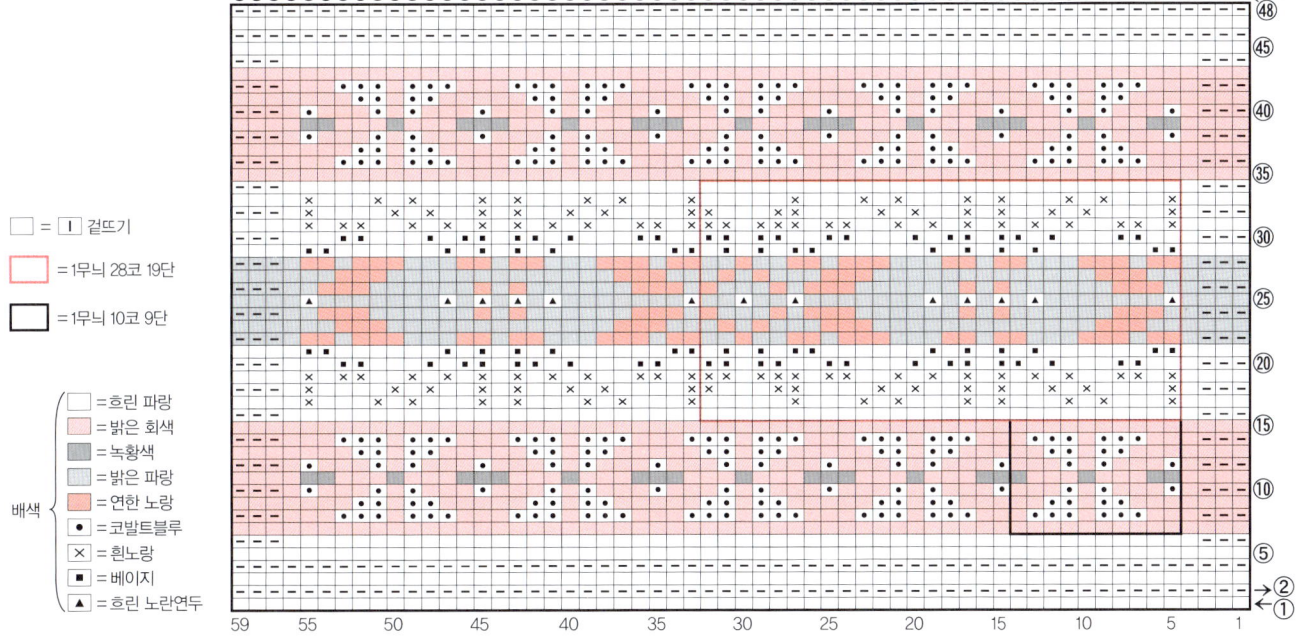

Point Lesson　141

Photo P.136 ＊뜨는 법＊ P.138

◆◆◆
모티브 뜨기 시작하는 법(가터뜨기)　※단마다 겉뜨기를 한다.

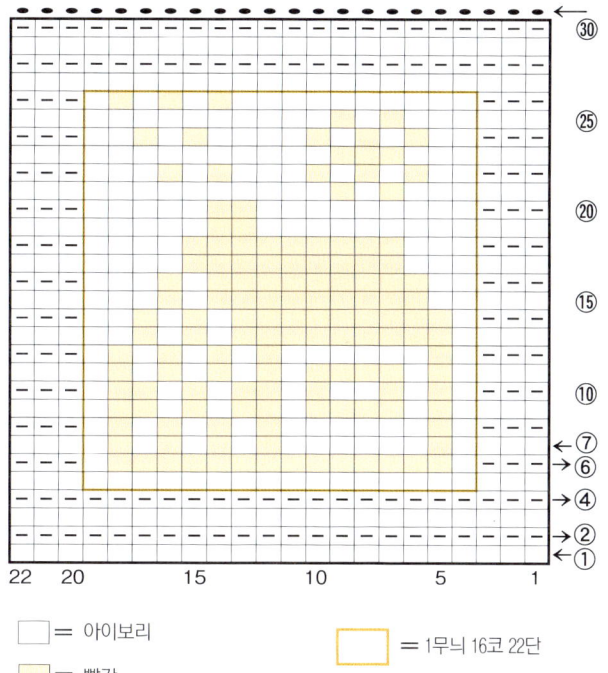

☐ = 아이보리
☐ = 빨강
☐ = 1무늬 16코 22단

1 p.15을 참조하여 대바늘 2개로 기초코 22코를 만든다(기초코가 첫째 단이 된다). 위 사진은 첫째 단을 다 뜬 모습. 바늘 1개를 뺀 다음, 바늘 방향을 바꿔 쥐고 첫째 단 첫째 코에 바늘을 넣어서 둘째 단을 겉뜨기로 뜬다(아래 사진).

2 둘째 단을 다 뜬 모습(위 사진). 바늘 방향을 바꿔 쥐고 둘째 단 첫째 코에 바늘을 넣어서 셋째 단을 겉뜨기로 뜬다(아래 사진).

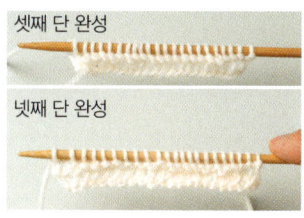

3 셋째 단을 다 뜬 모습(위 사진). 바늘 방향을 바꿔 쥐고 2를 참조하여 넷째 단을 겉뜨기로 뜬다.

배색무늬 뜨는 법(실을 가로로 걸치는 방법)

※언제나 배색실이 위, 바탕실이 아래로 가도록 실을 걸친다.

1 뜨개조직 안감면을 보고 뜨며, 배색실(빨강)로 바꿀 코의 1코 앞(셋째 코)까지 바탕실(아이보리)로 뜬다. 배색실을 바탕실에 걸치고 넷째 코에 바늘을 넣는다.

2 바탕실로 넷째 코를 뜬 모습.

3 바탕실 위로 배색실을 걸친다.

4 배색실로 1코 뜬다.

걸치는 실을 감싸며 뜨기

※걸치는 실(가로로 걸치는 실)이 길어질 때는 몇 코(이 작품에서는 3코)마다 감싸며 뜬다.

5 계속해서 배색실로 2코 뜬다.

6 넷째 코에 바늘을 넣고 바탕실을 바늘에 건다.

7 바늘에 건 바탕실과 배색실 뜨개코에 배색실로 1코 뜬다.

8 계속해서 배색실로 1코 뜬 모습. 바탕실(걸치는 실)이 배색뜨기 된 상태.

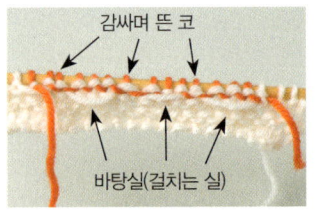

9 6, 7을 참조하여 3코마다 바탕실(걸치는 실)을 감싸며 떠서 배색무늬를 끝까지 뜬다.

10 배색실을 쉬게 두고 바탕실로 끝까지 뜬다.

11 여섯째 단 완성.

배색실로 뜨기 시작하기

※ 그 단에서 배색하기 시작할 코의 1코 앞을 뜰 때, 배색실을 바탕실 위에 놓고 끼운다.

일곱째 단 *겉뜨기일 때

1 뜨개조직 겉감면을 보고 뜨며, 배색실로 바꿀 코의 1코 앞(셋째 코)까지 바탕실로 뜬다. 배색실을 바탕실 위에 놓는다.

2 1의 화살표를 따라 바탕실로 1코 뜬다. 배색실이 셋째 코와 넷째 코 사이에 배색뜨기 된다.

3 배색실로 1코(배색무늬 둘째 코) 뜬다.

겉뜨기(걸치는 실을 감싸며 뜨기)

4 바탕실로 3코 뜨고, 넷째 코에 바늘을 넣어서 배색실을 바늘에 건다.

5 바늘에 걸린 배색실과 배색실 뜨개코에 바탕실로 겉뜨기를 1코(배색무늬 다섯째 코) 한다.

6 계속해서 바탕실로 2코 뜬다.

배색실로 바꾸기

※언제나 배색실이 위, 바탕실이 아래로 가도록 실을 걸친다.

7 바탕실을 아래에 쉬게 두고, 배색실(걸치는 실)을 위로 걸친다.

8 배색실로 1코(배색무늬 여덟째 코) 뜬다.

바탕실로 바꾸기 ※언제나 배색실이 위, 바탕실이 아래로 가도록 실을 걸친다.

   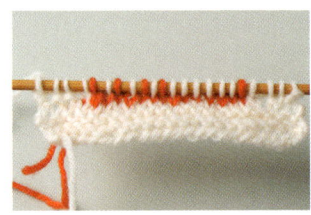

9 배색실을 위에 쉬게 두고, 바탕실을 아래로 걸친다.

10 다음 코를 바탕실로 1코(배색무늬 아홉째 코) 뜬다.

11 7~9를 되풀이하여 배색무늬 열째 코부터 열여섯째 코까지 뜬다.

12 바탕실로 끝까지 뜬다. 일곱째 단 완성.

배색실로 뜨기 시작하기 ※그 단에서 배색하기 시작할 코의 1코 앞을 뜰 때, 배색실을 바탕실 위에 놓고 끼운다.

여덟째 단 *안뜨기일 때

13 뜨개조직을 바꿔 쥐고 뜨개조직 안감면을 보고 뜬다.

14 배색실로 바꿀 코의 1코 앞까지 바탕실로 뜨고, 배색실을 바탕실에 걸쳐서 교차시킨 다음에 넷째 코를 바탕실로 뜬다. 그 이후의 단도 일곱째 단과 여덟째 단을 참조하여 뜬다.

겉감면 / 안감면

Point Lesson

Photo P.161 *뜨는 법* P.163

◆◆◆
배색무늬 뜨는 법(실을 세로로 걸치는 방법)

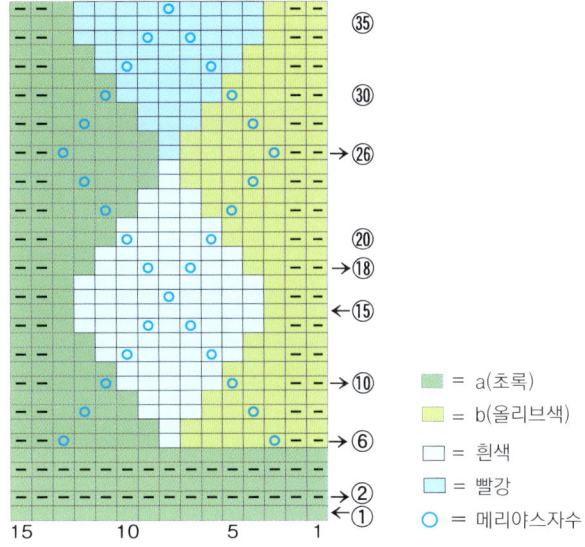

■ = a(초록)
■ = b(올리브색)
□ = 흰색
□ = 빨강
○ = 메리야스자수

1 다섯째 단부터 계속해서 바탕실(초록)로 a를 7코 뜨고, 다이아몬드 모양을 뜰 배색실(흰색)을 준비한다.

2 흰색 실로 1코 뜬다.

3 b를 뜰 실(올리브색)을 준비한다.

4 올리브색 실로 1코 뜬다.

5 계속해서 올리브색 실로 b를 뜬다. 사진은 여섯째 단을 다 뜬 모습.

※배색실로 바꿀 때는 지금까지 뜨던 실을 배색실 위에 쉬게 두고, 배색실을 끼워서 뜬다.

일곱째 단 ＊겉

1 뜨개조직을 바꿔 쥐고 b를 뜬다. 올리브색 실 끝을 흰색 실 위로 걸친다.

2 올리브색 실을 끼우고 흰색 실로 1코 뜬다.

3 흰색 실을 초록 실 위로 걸친다.

4 흰색 실을 끼우고 초록 실로 1코 뜬다.

5 계속해서 초록 실로 a를 뜬다. 일곱째 단 완성.

※ 배색실로 바꿀 때는 지금까지 뜨던 실을 배색실 위에 쉬게 두고, 배색실을 끼워서 뜬다.

1 뜨개조직을 바꿔 쥐고 흰색 실로 바꿀 자리(6코)까지 a를 뜬다. 흰색 실 위로 초록 실을 걸쳐서 쉬게 두고 흰색 실을 끌어올린다.

2 흰색 실로 1코 뜬다.

3 계속해서 흰색 실로 2코 뜬 다음에 올리브색 실 위에 쉬게 두고, 올리브색 실을 끌어올린다.

4 올리브색 실로 1코 뜬다.

5 계속해서 b를 뜬다. 사진은 여덟째 단을 다 뜬 모습.

6 일곱째 단과 여덟째 단 뜨는 법을 되풀이하여 열넷째 단까지 뜬 모습. 다이아몬드 모양으로 배색무늬가 생겼다.

7 배색을 바꿀 때 언제나 같은 방식으로 실을 걸치도록 뜨면 안감면에 실이 깔끔하게 걸쳐진다.

열여덟째 단 * 다이아몬드 모양 배색 줄이기

1 a를 초록 실로 4코 뜨고, 흰색 실 위에 초록 실을 쉬게 두고 흰색 실을 끌어올린다.

2 여덟째 단의 1, 2를 참조하여 흰색 실로 바꿔서 다이아몬드 모양(7코)을 뜬다. 흰색 실을 올리브색 실 위에 쉬게 두고, 올리브색 실을 끌어올린다.

3 여덟째 단의 3, 4를 참조하여 올리브색 실로 바꿔서 b를 4코 뜬다. 사진은 열여덟째 단을 다 뜬 모습.

스물여섯째 단

1 a를 뜨고, 다이아몬드 모양을 뜰 배색실(빨강)을 준비한다.

2 빨강 실로 1코 뜨고, 여섯째 단부터 스물다섯째 단까지 뜨는 법을 되풀이하여 빨강 다이아몬드 모양을 뜬다.

◆◆◆
배색무늬 실 처리하는 법

1 돗바늘을 사용한다. 흰색 실 끝을 바늘에 꿰고, 배색을 바꿀 때 걸친 초록 실을 줍는다.

2 배색을 바꿀 때 걸친 흰색 실을 3~4가닥 줍는다.

3 올리브색 실 끝을 바늘에 꿰고, 배색을 바꿀 때 걸친 흰색 실을 줍는다.

4 배색을 바꿀 때 걸친 올리브색 실을 3~4가닥 줍는다.

♦♦♦ 메리야스 자수 하는 법

오른쪽 사선 방향으로 수놓기

1 돗바늘을 사용한다. 자수를 할 코 가운데로 바늘을 빼서(왼쪽 사진), 수놓을 방향으로 바늘을 넣어 코를 줍는다(오른쪽 사진).

2 바늘을 뺀 코에 다시 바늘을 넣고(왼쪽 사진), 다음에 수놓을 코 가운데로 바늘을 뺀다(오른쪽 사진).

3 1, 2를 되풀이하여 오른쪽 사선 방향으로 수놓는다.

왼쪽 사선 방향으로 수놓기

1 자수를 할 코 가운데로 바늘을 빼서, 수놓을 방향으로 돗바늘을 넣어 코를 줍는다(왼쪽 사진). 바늘을 뺀 코에 다시 바늘을 넣고, 다음에 수놓을 코(●) 가운데로 바늘을 뺀다(오른쪽 사진).

2 1의 요령으로 왼쪽 사선 방향으로 수놓는다. 다이아몬드 모양의 한가운데에서는 오른쪽 사선 방향으로 수놓은 코를 건너뛰고 수놓는다.

무늬와 메리야스자수까지 완성된 모습. p.33 모티브 마무리하는 법을 참조하여 마무리한다.

실 처리하기

1 실 끝을 돗바늘에 꿰어, 2~3cm 정도 끄트머리 코를 빠져나가게 한다.

2 1에서 통과시킨 실 옆으로 1~2cm 정도 다시 빠져나가게 한다.

Point Lesson 103
Photo P.113 *뜨는 법* P.115

◆◆◆
메리야스자수 하는 법(세로로 수놓기)

1 돗바늘을 사용한다. 자수 놓을 코의 가운데로 바늘을 빼서, 1단 위의 코 밑부분으로 바늘을 통과시킨다.

2 바늘을 뺀 코에 다시 바늘을 넣고, 다음 코의 밑부분으로 바늘을 뺀다.

3 1, 2를 되풀이하여 메리야스자수를 3코 수놓는다.

4 1단을 건너뛰고 메리야스자수를 1코 수놓는다.

5 p.107의 왼쪽 사선 방향으로 수놓는 법을 참조하여 2코 수놓는다.

6 p.107의 오른쪽 사선 방향으로 수놓는 법을 참조하여 2코 수놓는다. 사진은 메리야스자수를 다 놓은 모습.

Point Lesson 157
Photo P.144 *뜨는 법* P.146

◆◆◆
버블뜨기 하는 법(모아뜨기)

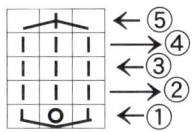

1 버블뜨기 할 코에 바늘을 넣는다.

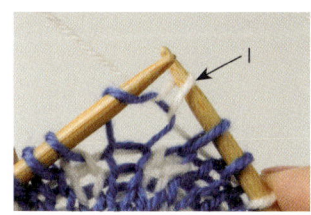
2 1의 화살표처럼 바늘에 실을 걸어서 끌어낸다(겉뜨기).

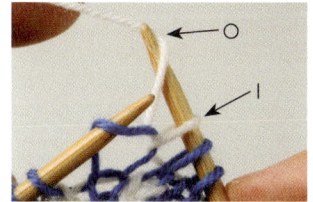
3 바늘에 실을 건다(걸기코).

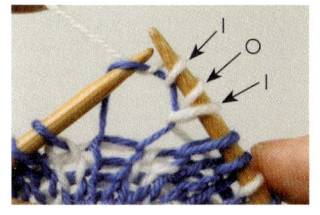
4 1, 2를 참조하여 겉뜨기를 한다.

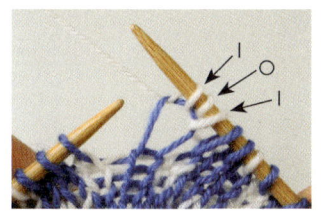
5 겉뜨기 1코, 걸기코 1코, 겉뜨기 1코로 3코를 뜬 모습.

6 뜨개조직으로 바꿔 쥔다.

7 둘째 단은 안뜨기로 3코 뜬다.

중심 3코 모아뜨기

8 왕복뜨기에서 셋째 단은 겉뜨기 3코, 넷째 단은 안뜨기를 3코 한다.

9 8의 화살표처럼 a, b 2코를 오른쪽 바늘에 옮긴다.

10 c를 겉뜨기로 뜨고, 오른쪽 바늘의 a, b 2코에 화살표처럼 왼쪽 바늘을 넣어서 c에 덮어씌운다.

11 버블뜨기 완성.

Point Lesson 197

Photo P.169 *뜨는 법* P.171

◆◆◆ 배색실 바꾸는 법

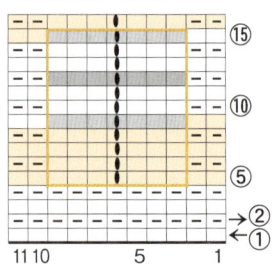

☐ = Ⅰ 겉뜨기
● = 빼뜨기

1 넷째 단을 뜨고 나면 배색실을 준비한다.

2 다섯째 단은 배색실로 뜨기 시작한다. 이 작품에서는 무늬 1개마다 실을 자르고 뜬다.

◆◆◆ 세로 선 넣는 법

1 코바늘을 사용한다. 한가운데 코의 가운데로 바늘을 넣고, 연한 파랑 실을 왼손에 건다 (p.21 실 잡는 법 참조).

2 1의 화살표처럼 바늘에 실을 걸어서 코를 끌어낸다.

3 1단 위의 코 가운데로 바늘을 넣는다.

4 1, 2를 참조하여 코를 끌어낸다.

5 3, 4를 참조하여 1단마다 빼뜬다.

Chapter 2
이제 함께 떠봅시다

PART 1
꽃

PART 2
북유럽

PART 3
아가일 & 타탄 체크

PART 1

꽃

꽃은 다양한 컬러와 표정으로 언제나 우리를 매료시키지요.
화사하면서도 아기자기한 꽃무늬 모티브를 소개합니다.

101
30cm

뜨는 법*P.114 design/making 오카 마리코

102
15cm

103
15cm

104
15cm

105
15cm

뜨는 법＊P.115　design/making 오카 마리코

101

Photo p.112

모사(울) 아이보리, 연한 분홍, 장미색, 진한 초록, 빨강, 대바늘 4mm

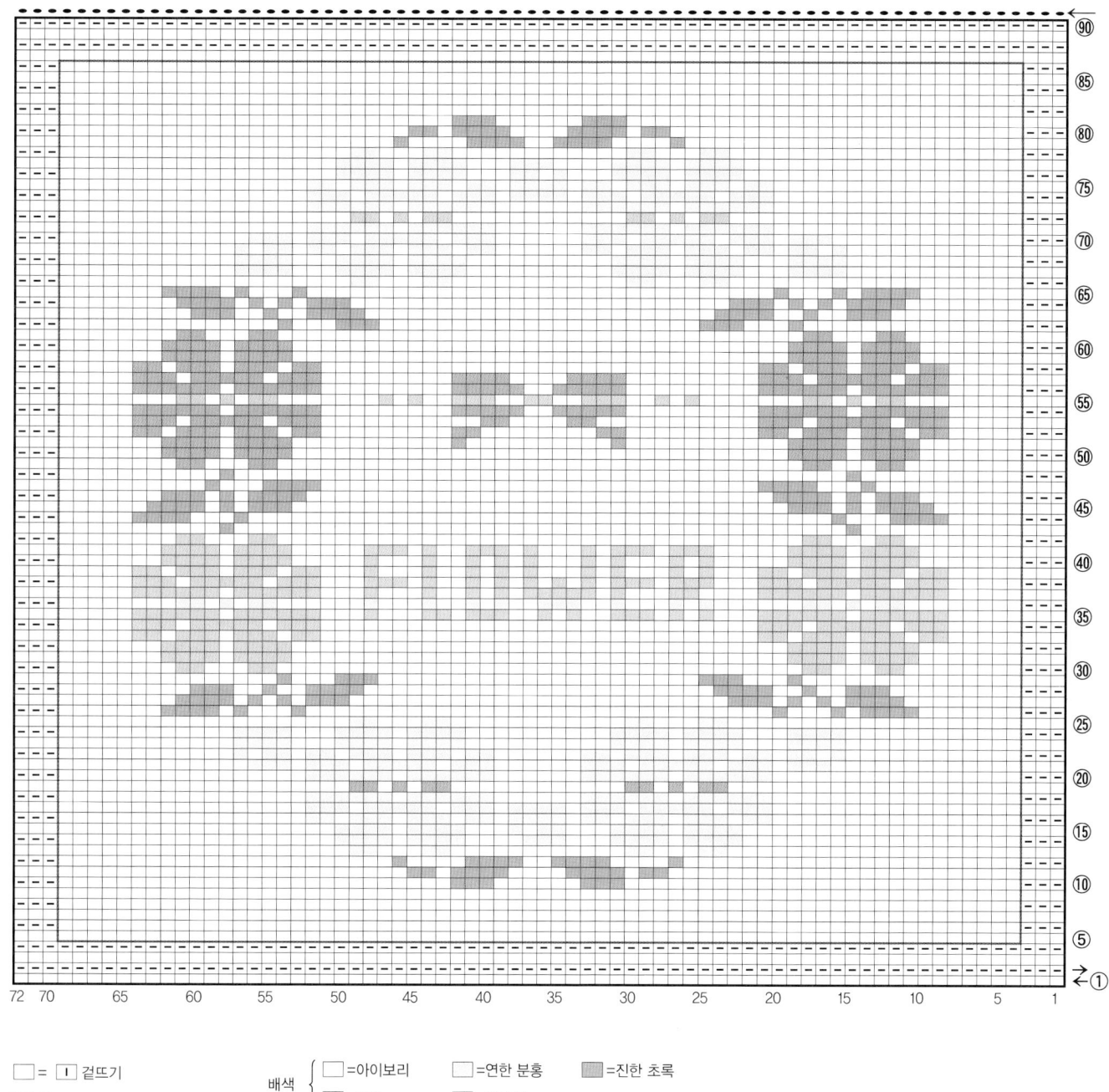

□ = ㅣ 겉뜨기

□ = 1무늬 66코 82단

배색 { □=아이보리 □=연한 분홍 ■=진한 초록
       ■=빨강   □=장미색 }

102
15cm

Photo p.113
모사(울) 빨간 자주, 장미색, 연한 분홍, 연두, 분홍, 대바늘 4mm

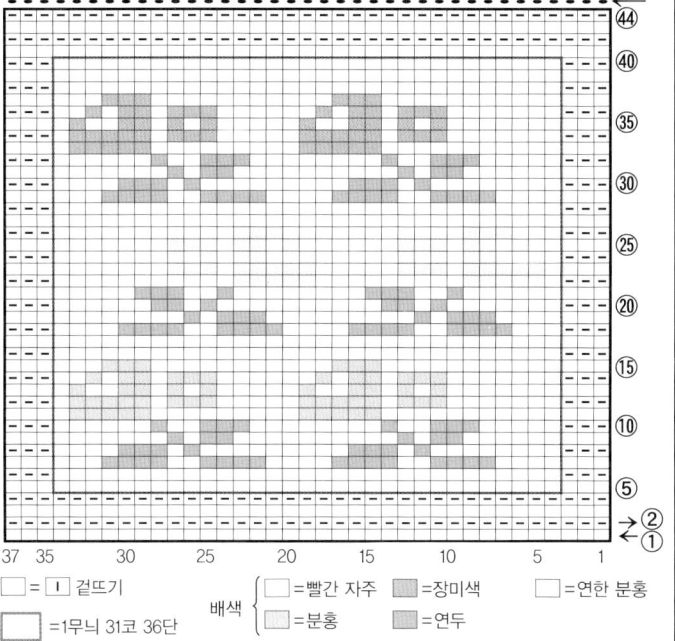

103
15cm

Photo p.113
Point Lesson p.108
모사(울) 아이보리, 장미색, 진한 노랑, 빨간 자주, 진한 초록, 연한 분홍, 대바늘 4mm

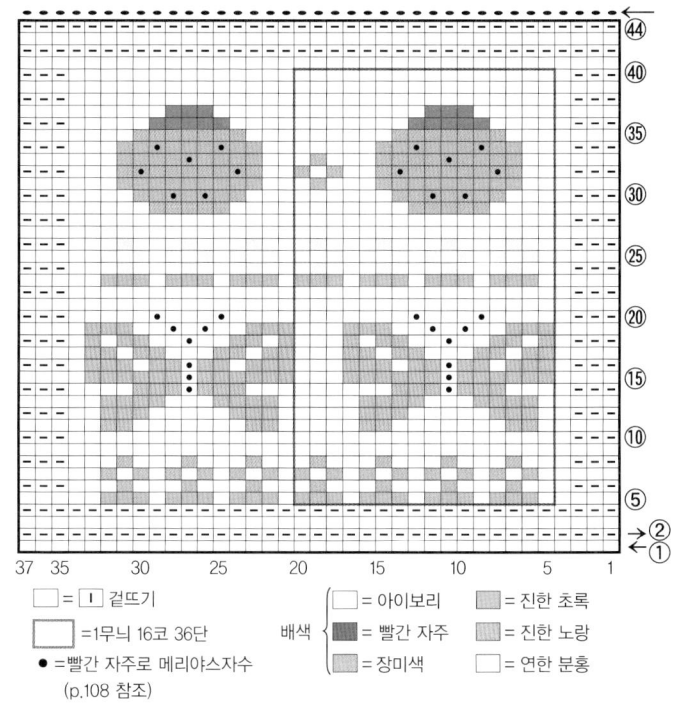

104
15cm

Photo p.113
모사(울) 아이보리, 진한 초록, 연두, 분홍, 대바늘 4mm

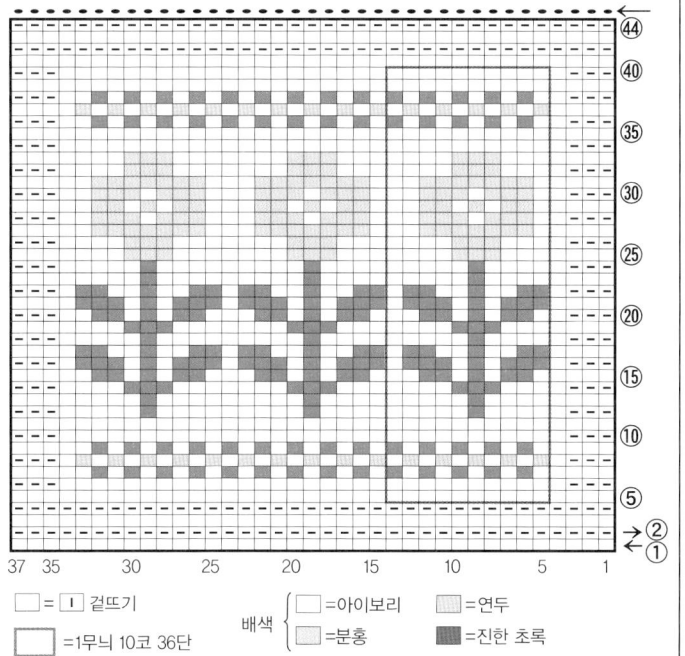

105
15cm

Photo p.113
모사(울) 빨간 자주, 진한 노랑, 연두, 대바늘 4mm

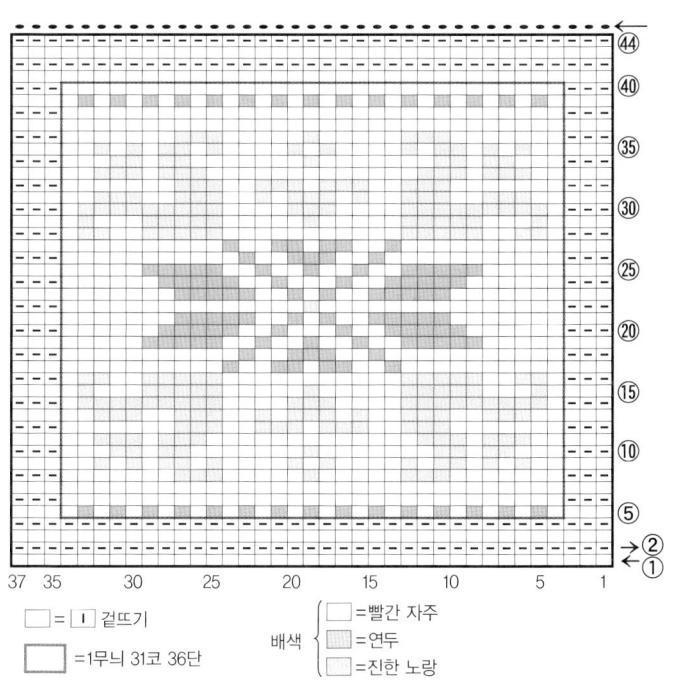

106 10cm

107 10cm

108 10cm

109 10cm

뜨는 법＊P.118 design/making 세리자와 게이코

110
10cm

111
10cm

112
10cm

113
10cm

뜨는 법*P.119 design/making 세리자와 게이코

106
10cm
Photo p.116
모사(울) 노란 분홍, 아이보리, 대바늘 3.5mm

☐ = Ⅰ 겉뜨기
☐ =1무늬 19코 24단

배색 { ☐=노란 분홍 / ▦=아이보리 }

107
10cm
Photo p.116
모사(울) 하늘색, 아이보리, 대바늘 3.5mm

☐ = Ⅰ 겉뜨기
☐ =1무늬 19코 24단

배색 { ☐=하늘색 / ▦=아이보리 }

108
10cm
Photo p.116
모사(울) 하늘색, 아이보리, 대바늘 3.5mm

☐ = Ⅰ 겉뜨기
☐ =1무늬 19코 12단

배색 { ☐=하늘색 / ▦=아이보리 }

109
10cm
Photo p.116
모사(울) 아이보리, 하늘색, 대바늘 3.5mm

☐ = Ⅰ 겉뜨기
☐ =1무늬 19코 24단

배색 { ☐=아이보리 / ▦=하늘색 }

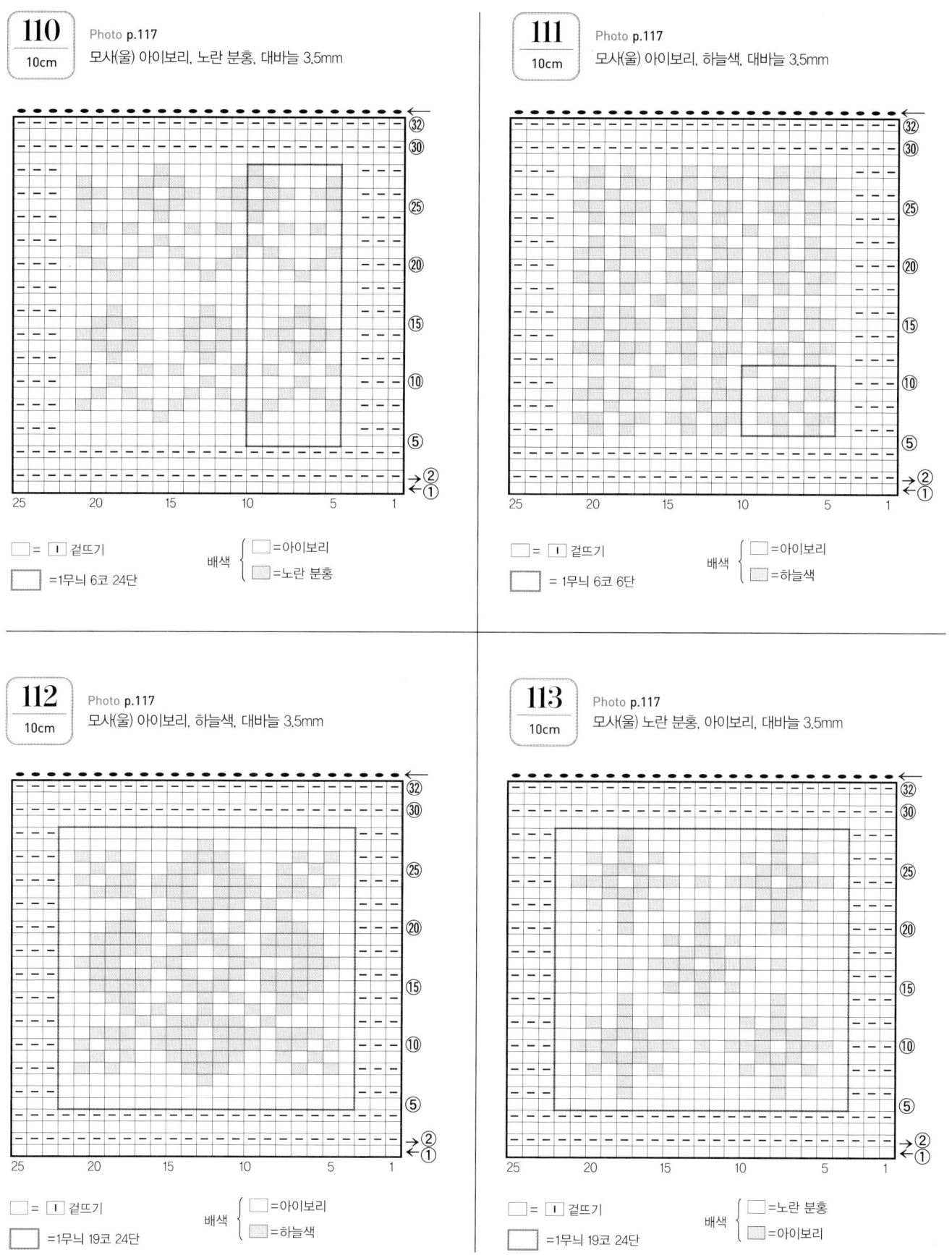

| 114 |
| 20x15cm |

| 115 |
| 20x15cm |

뜨는 법*P.122　design/making 이마무라 요코

116
117
118
119

뜨는 법＊P.122-123　design/making 이마무라 요코

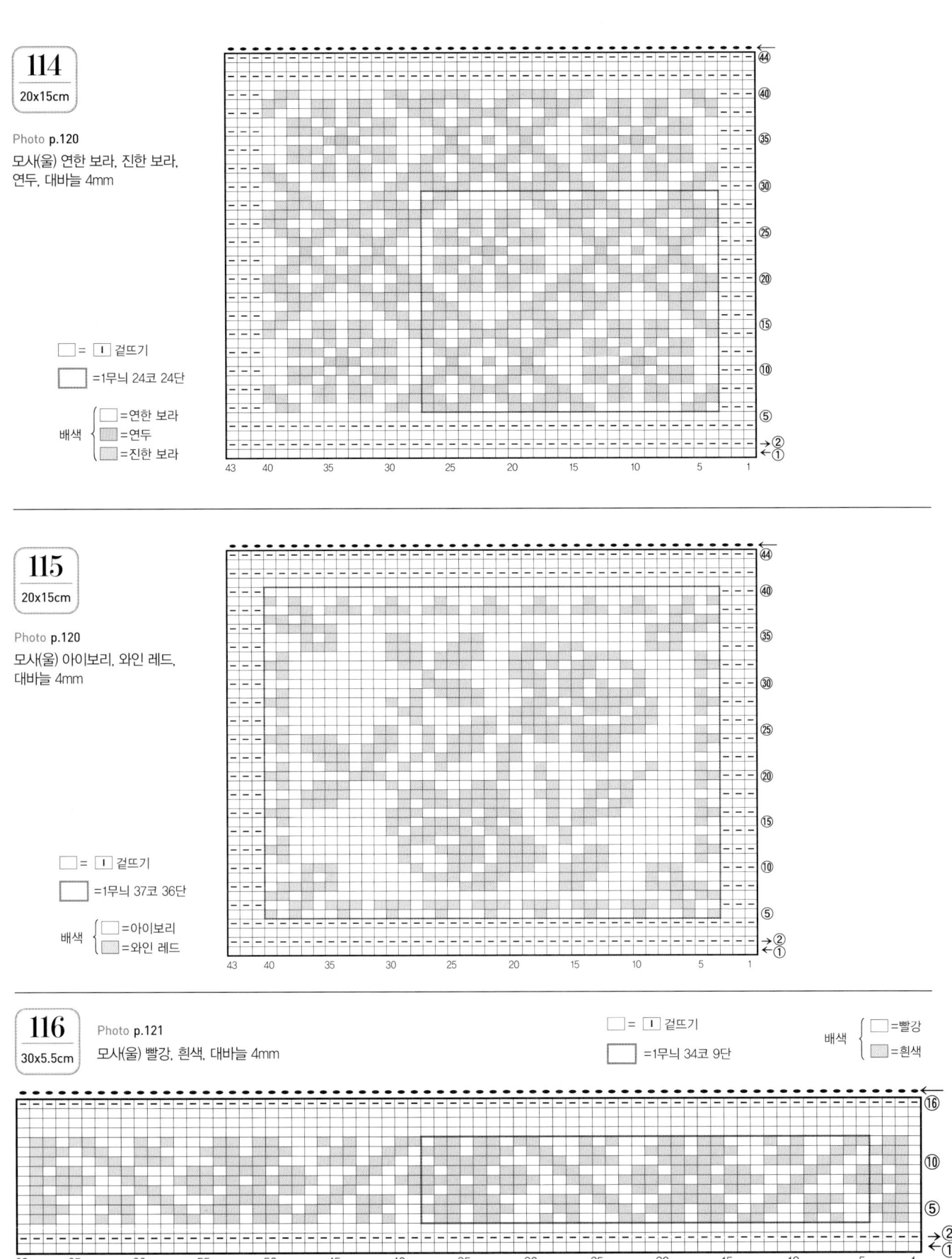

117
32x6cm
Photo p.121
모사(울) 연한 파랑, 보라, 초록, 대바늘 4mm

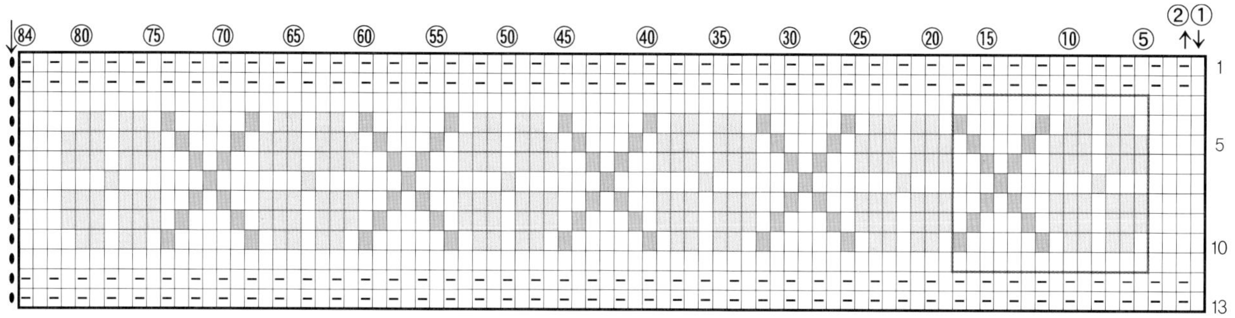

□ = ① 겉뜨기
□ = 1무늬 9코 14단

배색 { □=연한 파랑
       □=초록
       □=보라 }

118
31x4.5cm
Photo p.121
모사(울) 흰색, 초록, 대바늘 4mm

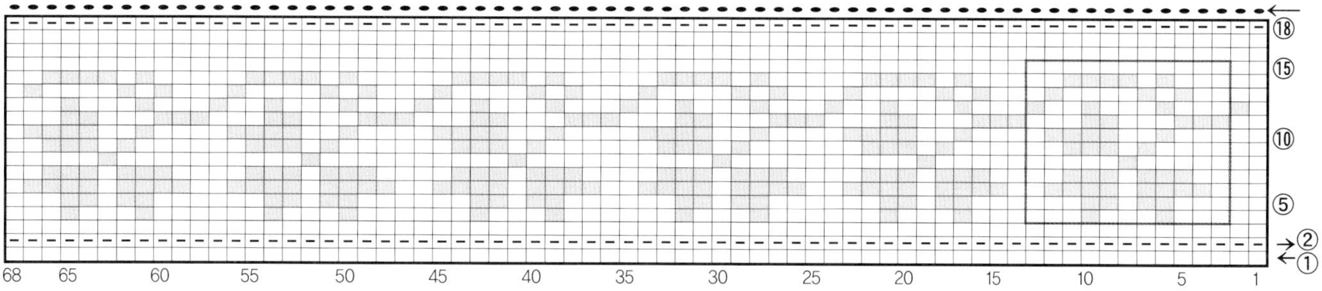

□ = ① 겉뜨기
□ = 1무늬 11코 12단

배색 { □=흰색
       □=초록 }

119
34x5cm
Photo p.121
모사(울) 밝은 회색, 진한 보라, 대바늘 4mm

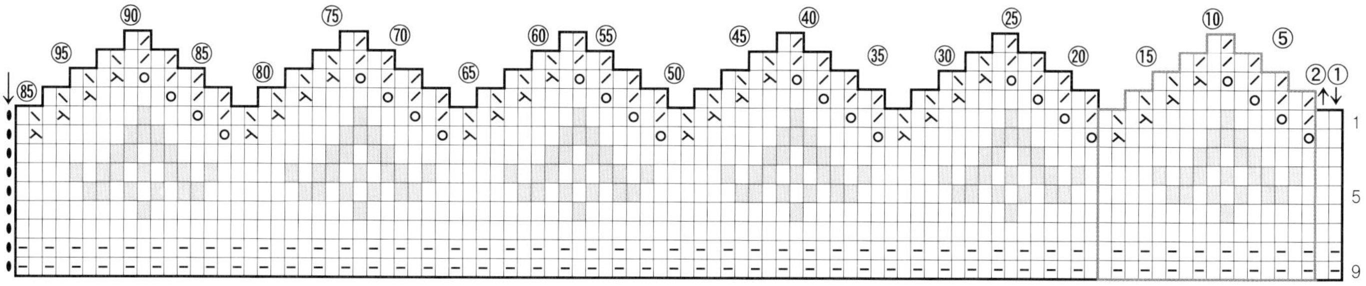

□ = ① 겉뜨기
○ = 걸기코(바늘 비우기)
╱ = 겉뜨기를 한다
╲ = 겉뜨기를 한다
⋋ = 오른코 겹쳐 2코 모아뜨기
□ = 1무늬 16단

배색 { □=밝은 회색
       □=진한 보라 }

120
20x15cm

121
20x15cm

뜨는 법＊P.126 design/making 이마무라 요코

뜨는 법*126-127 design/making 이마무라 요코

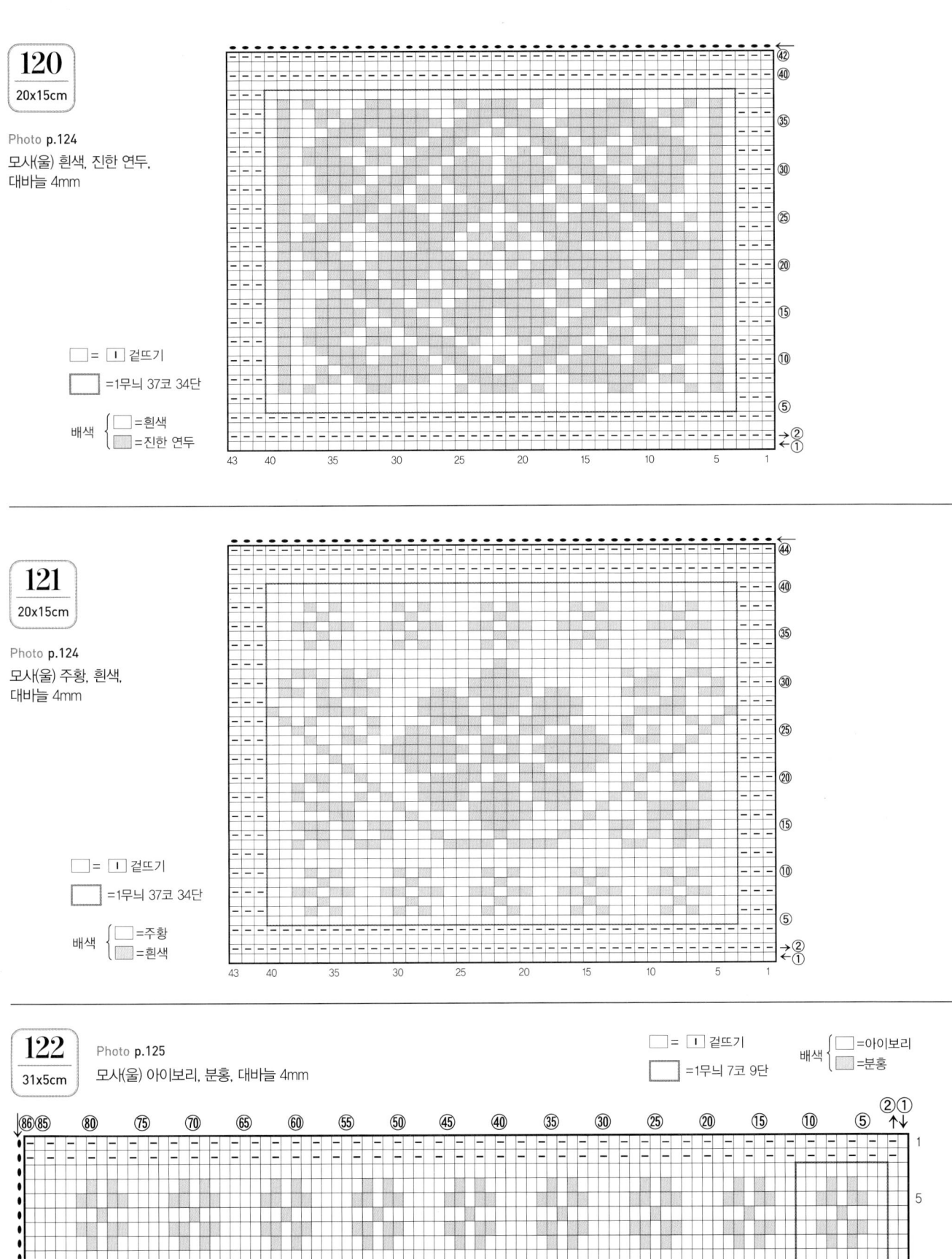

123
30x6cm

Photo p.125

모사(울) 남색, 흰색, 연두, 대바늘 4mm

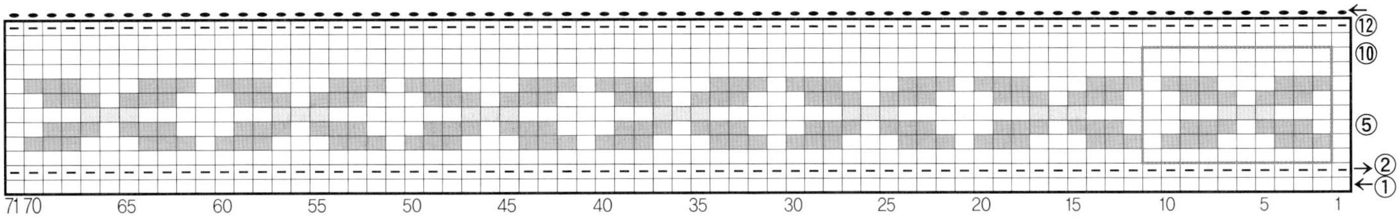

☐ = ☐ 겉뜨기

배색 { ☐=남색 ☐=연두 ☐=흰색 }

☐ =1무늬 10코 8단

124
20x5cm

Photo p.125

모사(울) 아이보리, 빨강, 대바늘 4mm

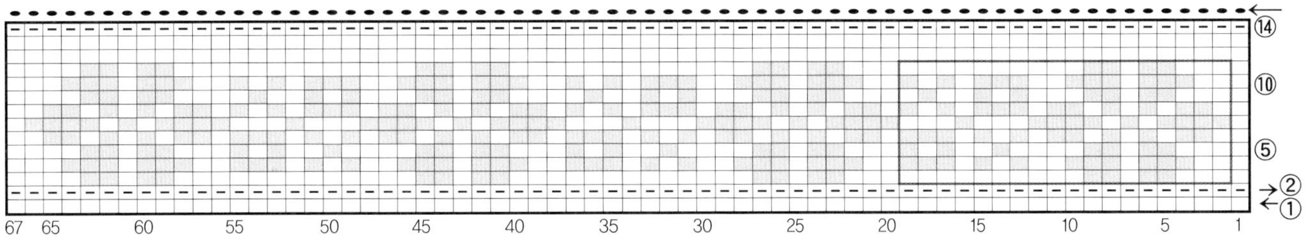

☐ = ☐ 겉뜨기

배색 { ☐=아이보리 ☐=빨강 }

☐ =1무늬 18코 9단

125
32x6cm

Photo p.125

모사(울) 흰색, 진한 연두, 빨강, 대바늘 3.5mm

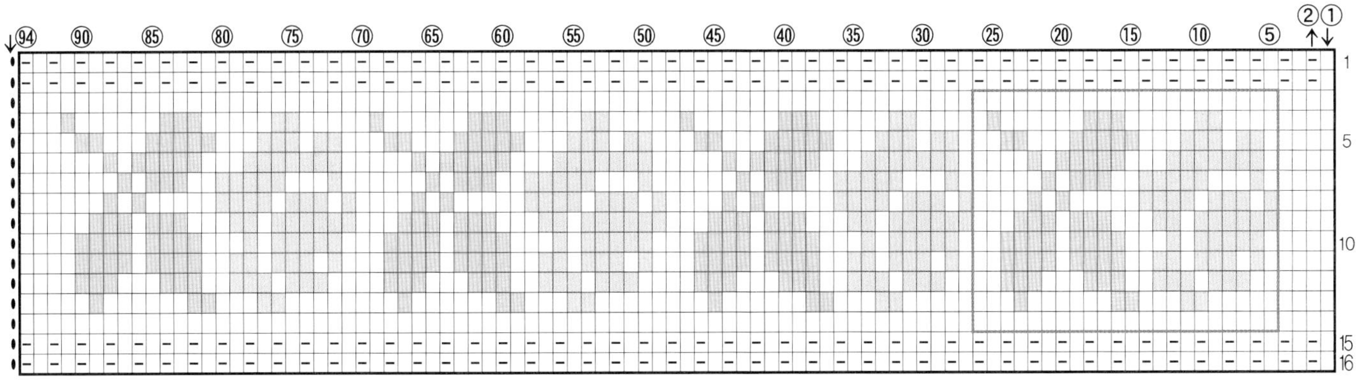

☐ = ☐ 겉뜨기

☐ =1무늬 12코 22단

배색 { ☐=흰색 ☐=빨강 ☐=진한 연두 }

126 15cm

127 15cm

128 15cm

129 15cm

뜨는 법 ∗P.130 design/making myco

130
15cm

131
15cm

132
15cm

133
15cm

뜨는 법*P.131 design/making myco

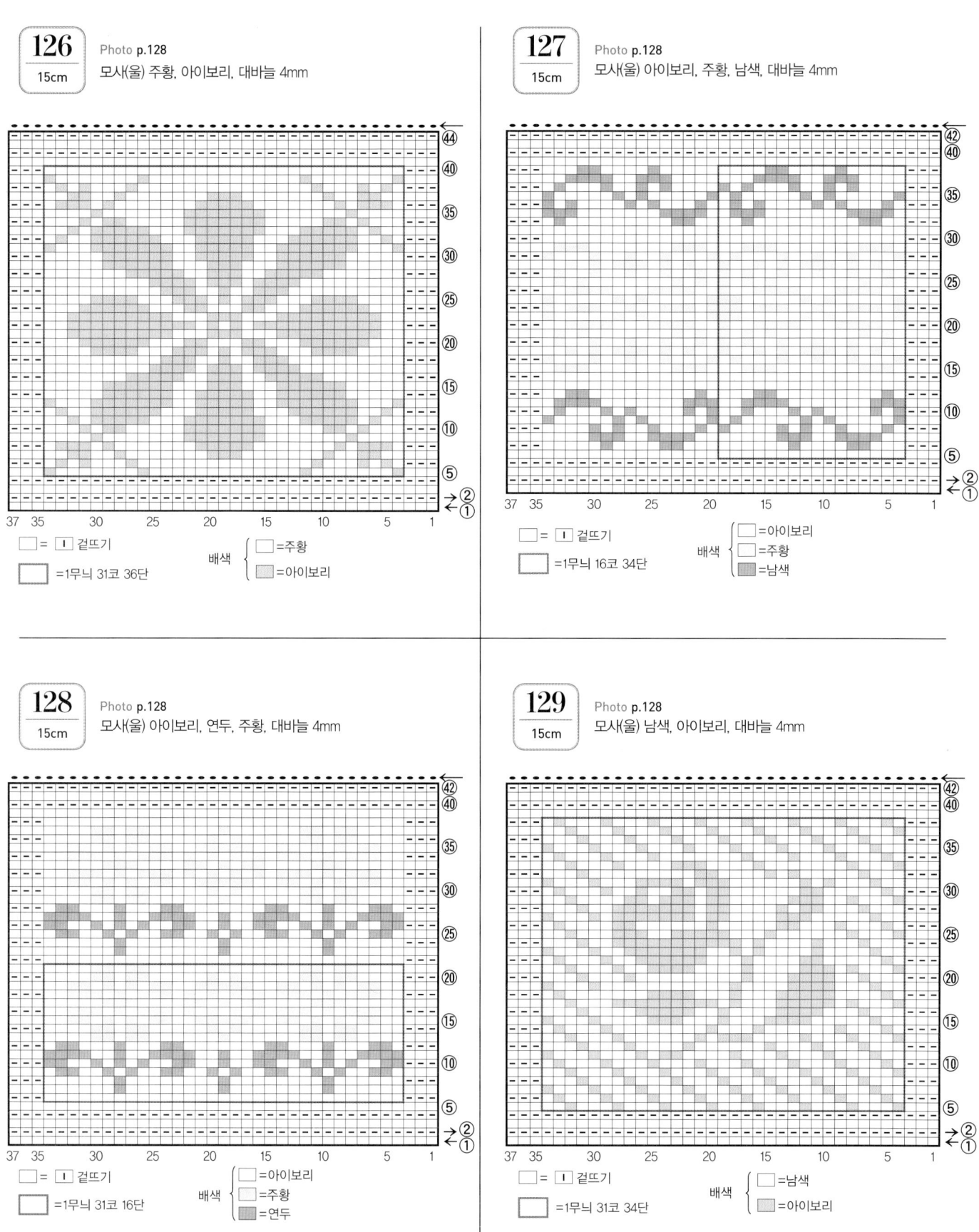

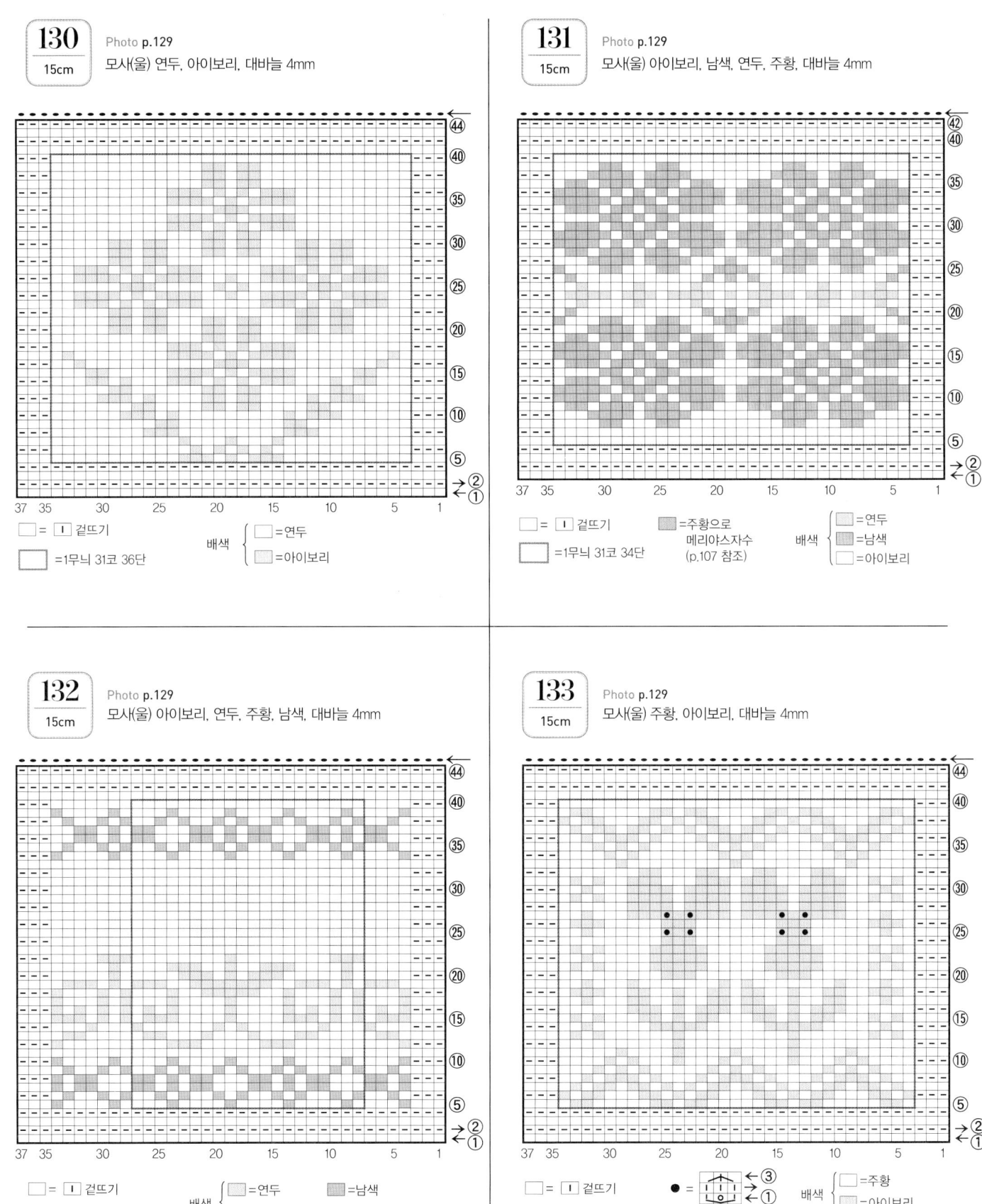

PART 2　　　　북유럽

순록, 눈사람, 집, 나무, 별 등 북유럽 특유의 귀여우면서도 포근한 느낌의 디자인을 가득 담았어요.
한 장만으로도 예쁜 북유럽 모티브! 몇 장을 조합해 겨울용 소품을 뜨면 훨씬 더 멋지답니다.

134
30cm

뜨는 법＊P.134　design/making 엔도 히로미

135
15cm

136
15cm

137
15cm

138
15cm

뜨는 법*P.135 design/making 엔도 히로미

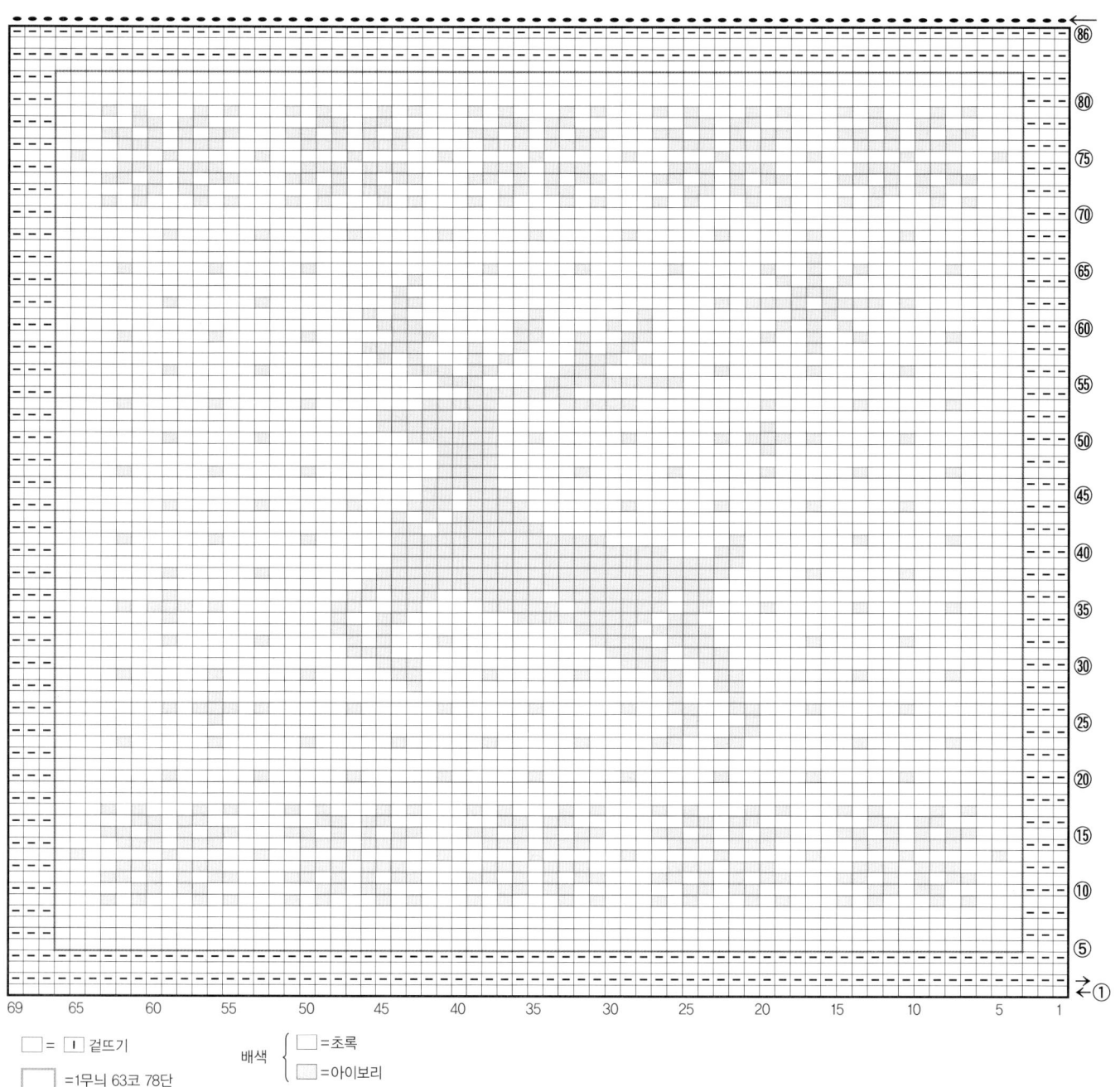

135
Photo p.133
모사(울) 연한 파랑, 진한 노랑, 캐러멜색, 아이보리, 빨간 자주, 연두, 장미색, 대바늘 4mm

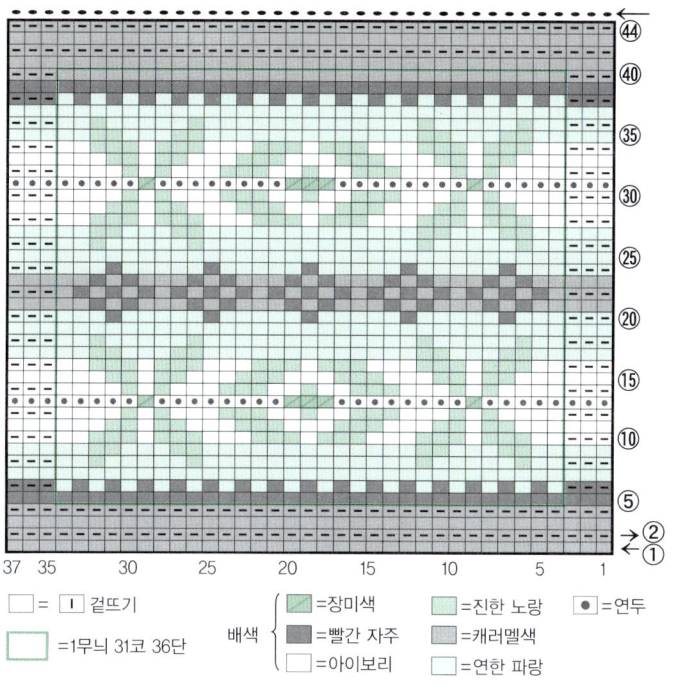

□ = ① 겉뜨기
□ = 1무늬 31코 36단

배색
- =장미색
- =빨간 자주
- =아이보리
- =진한 노랑
- =캐러멜색
- =연한 파랑
- ● =연두

136
Photo p.133
모사(울) 빨간 주황, 탁한 분홍, 빨강, 캐러멜색, 갈색, 진한 노랑, 대바늘 4mm

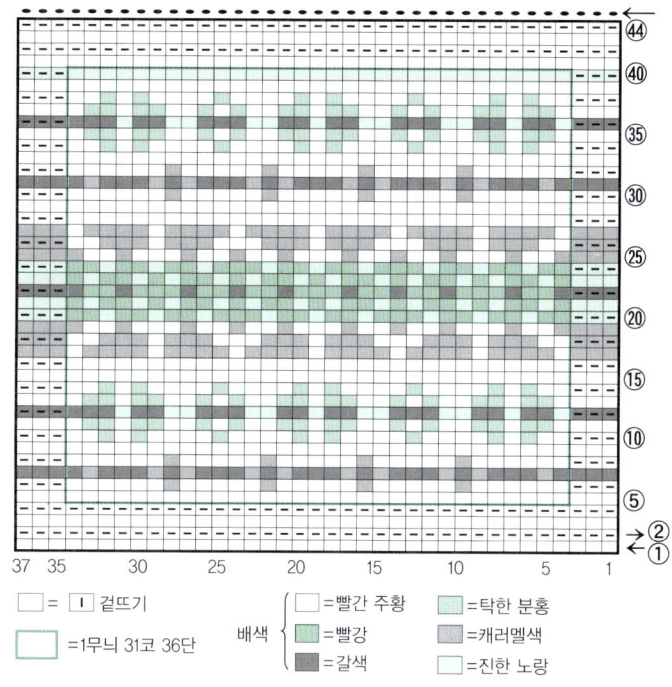

□ = ① 겉뜨기
□ = 1무늬 31코 36단

배색
- =빨간 주황
- =빨강
- =갈색
- =탁한 분홍
- =캐러멜색
- =진한 노랑

137
Photo p.133
모사(울) 진한 노랑, 청록, 꽃분홍, 흰보라, 대바늘 4mm

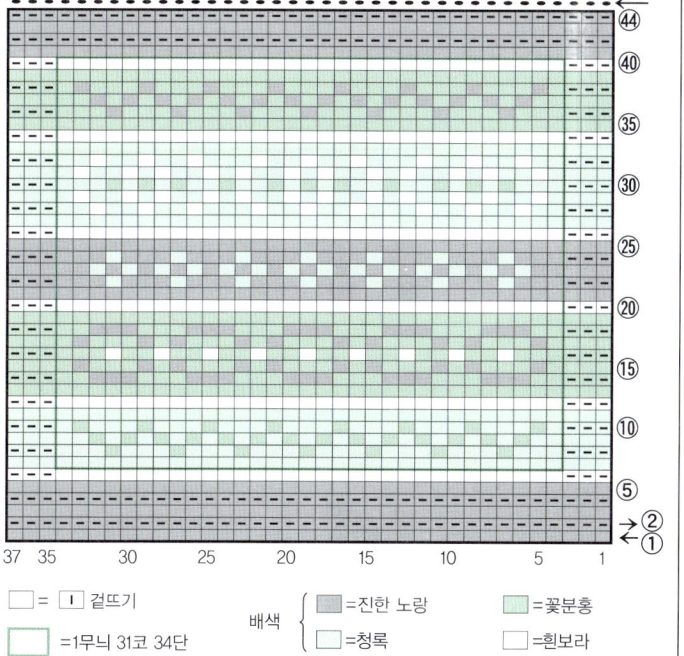

□ = ① 겉뜨기
□ = 1무늬 31코 34단

배색
- =진한 노랑
- =청록
- =꽃분홍
- =흰보라

138
Photo p.133
모사(울) 초록, 회색, 흰보라, 연두, 연한 파랑, 대바늘 4mm

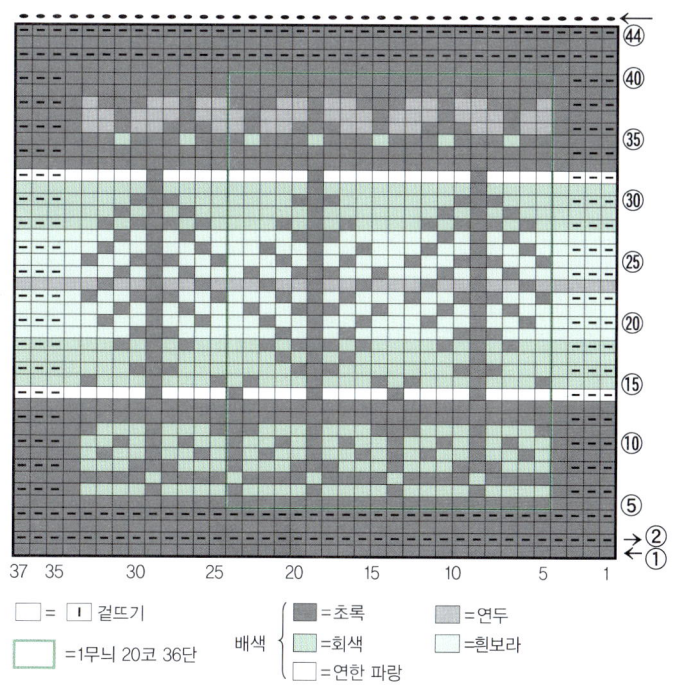

□ = ① 겉뜨기
□ = 1무늬 20코 36단

배색
- =초록
- =회색
- =연한 파랑
- =연두
- =흰보라

139
/10cm

140
/10cm

141
/10cm

142
/10cm

뜨는 법＊P.138 design/making 세리자와 게이코

뜨는 법＊P.139　design/making 세리자와 게이코

139
10cm

Photo p.136
모사(울) 아이보리, 진한 초록, 대바늘 4mm

☐ = ☐ 겉뜨기
☐ = 1무늬 10코 22단

배색 { ☐ =아이보리
☐ =진한 초록 }

140
10cm

Photo p.136
모사(울) 아이보리, 빨강, 대바늘 4mm

☐ = ☐ 겉뜨기
☐ = 1무늬 6코 10단

배색 { ☐ =아이보리
☐ =빨강 }

141
10cm

Photo p.136
Point Lesson p.99
모사(울) 아이보리, 빨강, 대바늘 4mm

☐ = ☐ 겉뜨기
☐ = 1무늬 16코 22단

배색 { ☐ =아이보리
☐ =빨강 }

142
10cm

Photo p.136
모사(울) 아이보리, 진한 초록, 대바늘 4mm

☐ = ☐ 겉뜨기
☐ = 1무늬 16코 22단

배색 { ☐ =아이보리
☐ =진한 초록 }

143

10cm

Photo p.137

모사(울) 빨강, 아이보리, 대바늘 4mm

□ = I 겉뜨기

□ =1무늬 16코 22단

배색 { □=빨강 □=아이보리 }

144

10cm

Photo p.137

모사(울) 진한 초록, 아이보리, 대바늘 4mm

□ = I 겉뜨기

□ =1무늬 16코 22단

배색 { □=진한 초록 □=아이보리 }

145

10cm

Photo p.137

모사(울) 진한 초록, 아이보리, 대바늘 4mm

□ = I 겉뜨기

□ =1무늬 16코 10단

배색 { □=진한 초록 □=아이보리 }

146

10cm

Photo p.137

모사(울) 빨강, 아이보리, 대바늘 4mm

□ = I 겉뜨기

□ =1무늬 16코 6단

배색 { □=빨강 □=아이보리 }

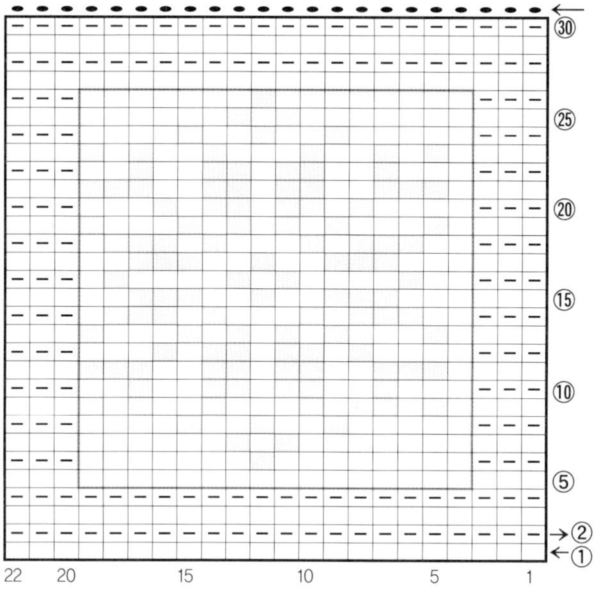

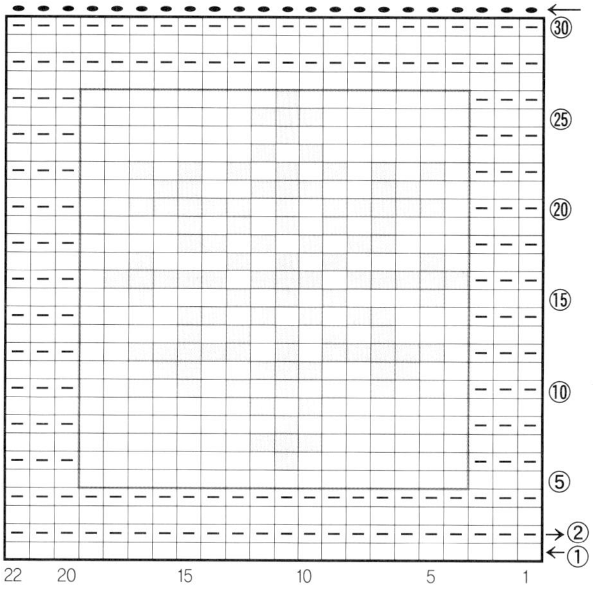

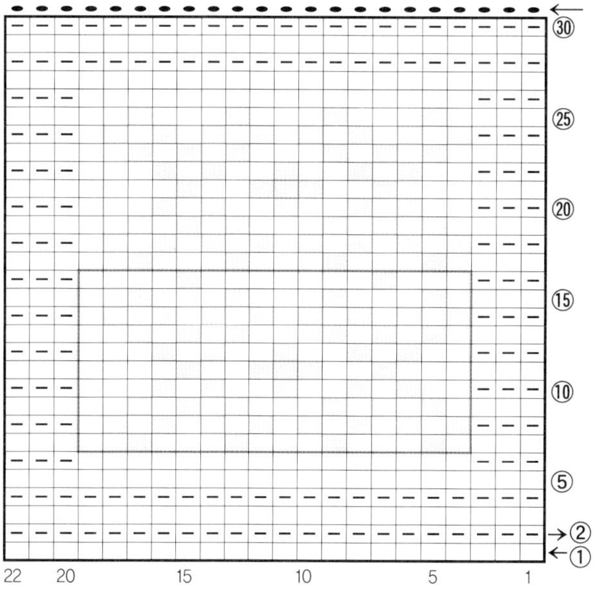

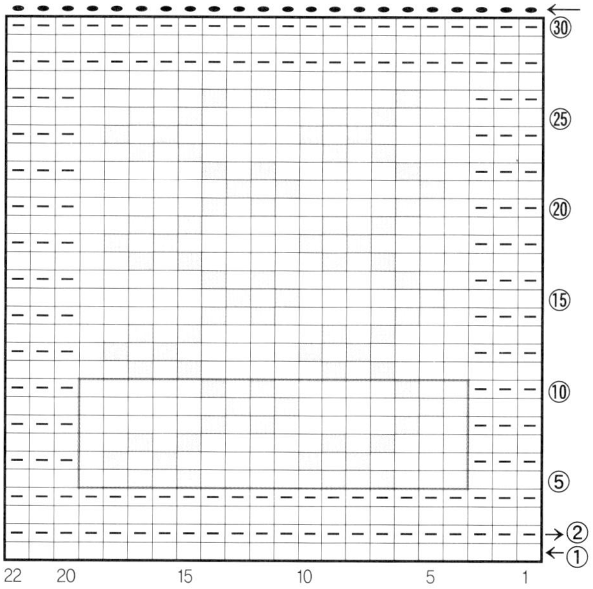

147
15cm

148
15cm

149
15cm

150
15cm

뜨는 법＊P.142 design/making 오카 마리코

151
15cm

152
15cm

153
15cm

154
15cm

뜨는 법＊P.143 design/making 오카 마리코

147
15cm   Photo p.140
모사(울) 아이보리, 갈색, 대바늘 4mm

□ = **I** 겉뜨기
□ =1무늬 33코 38단

배색 { □ =아이보리
       □ =갈색 }

148
15cm   Photo p.140
모사(울) 아이보리, 남색, 대바늘 4mm

□ = **I** 겉뜨기
□ =1무늬 33코 38단

배색 { □ =아이보리
       □ =남색 }

149
15cm   Photo p.140
모사(울) 남색, 아이보리, 대바늘 4mm

□ = **I** 겉뜨기
□ =1무늬 33코 38단

배색 { □ =남색
       □ =아이보리 }

150
15cm   Photo p.140
모사(울) 갈색, 아이보리, 대바늘 4mm

□ = **I** 겉뜨기
□ =1무늬 33코 38단

배색 { □ =갈색
       □ =아이보리 }

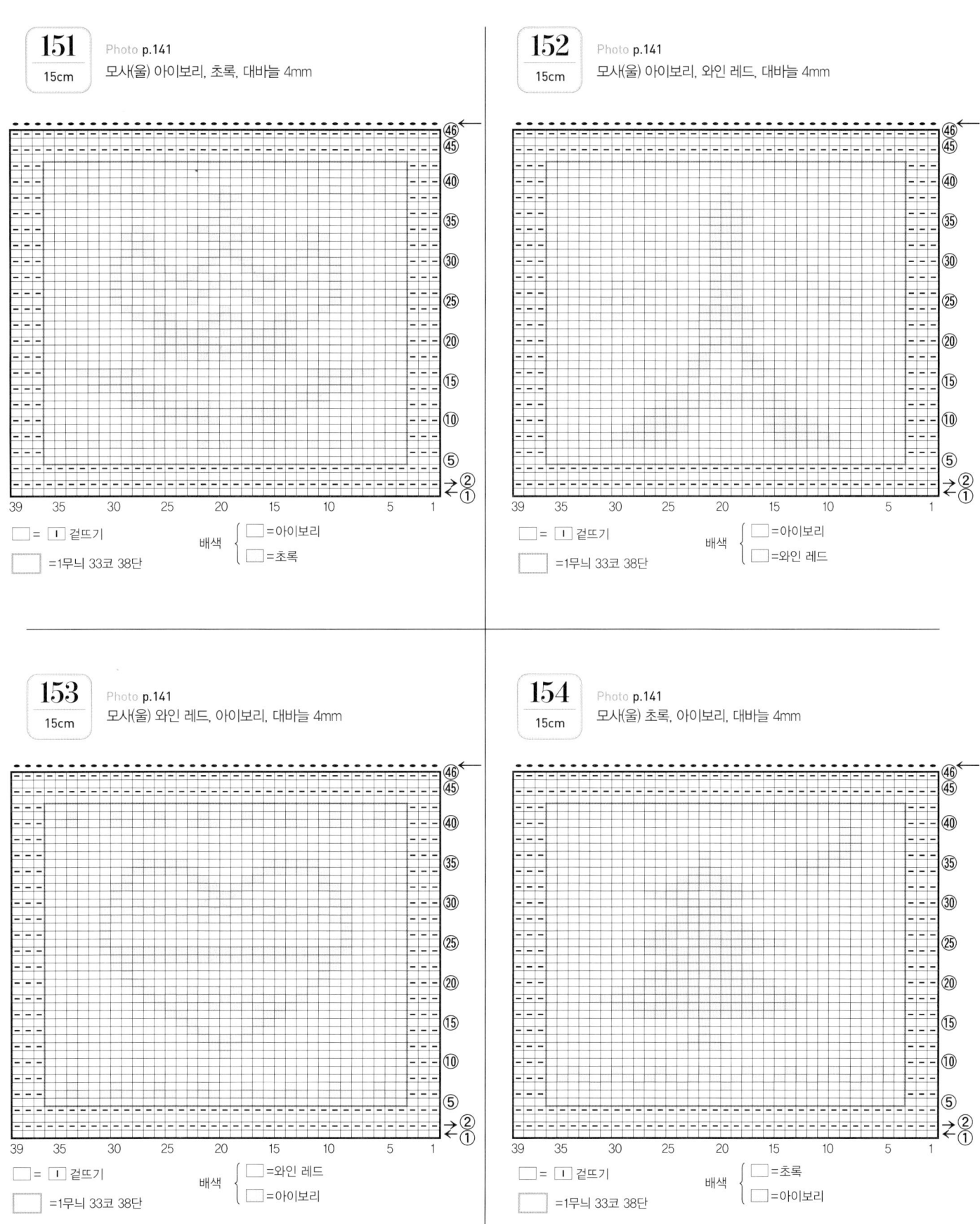

155
15cm

156
15cm

157
15cm

158
15cm

뜨는 법＊P.146　design/making 가와이 마유미

159
15cm

160
15cm

161
15cm

162
15cm

뜨는 법＊P.147　design/making 가와이 마유미

155
15cm — Photo p.144
모사(울) 흰색, 파랑, 대바늘 4mm

□ = ｜ 겉뜨기
□ =1무늬 25코 32단
배색 { □=흰색, □=파랑 }

156
15cm — Photo p.144
모사(울) 남색, 흰색, 대바늘 4mm

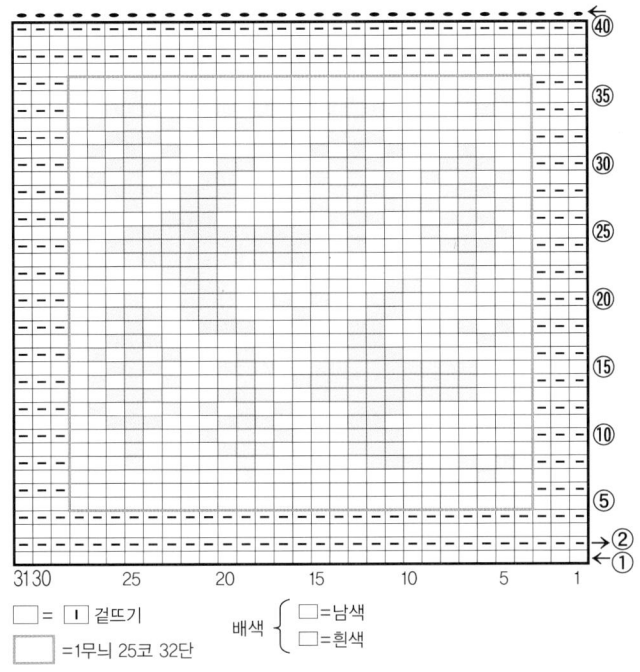

□ = ｜ 겉뜨기
□ =1무늬 25코 32단
배색 { □=남색, □=흰색 }

157
15cm — Photo p.144
Point Lesson p.109
모사(울) 파랑, 흰색, 대바늘 4mm

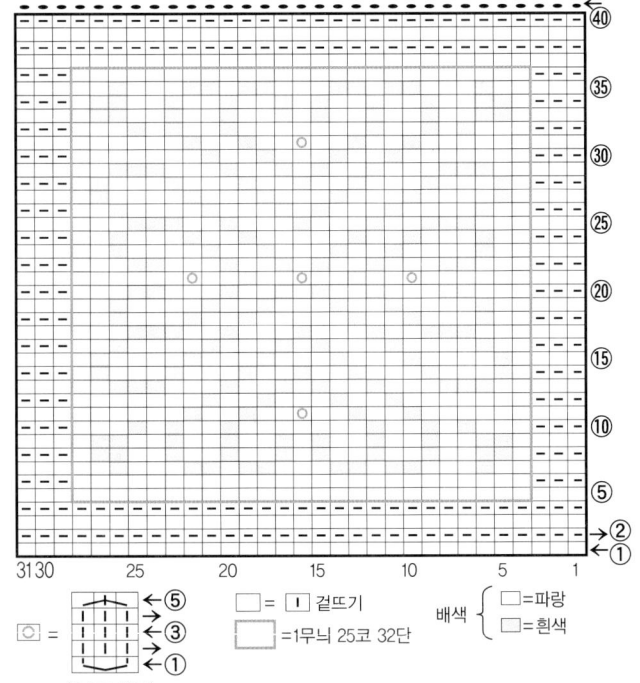

□ = ｜ 겉뜨기
□ =1무늬 25코 32단
배색 { □=파랑, □=흰색 }
(P.109 참조)

158
15cm — Photo p.144
모사(울) 흰색, 남색, 대바늘 4mm

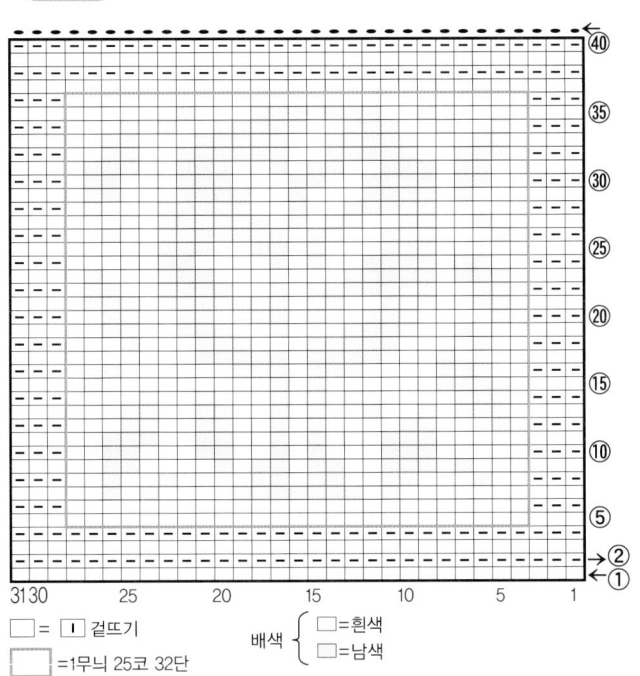

□ = ｜ 겉뜨기
□ =1무늬 25코 32단
배색 { □=흰색, □=남색 }

159
15cm
Photo p.145
모사(울) 빨강, 흰색, 대바늘 4mm

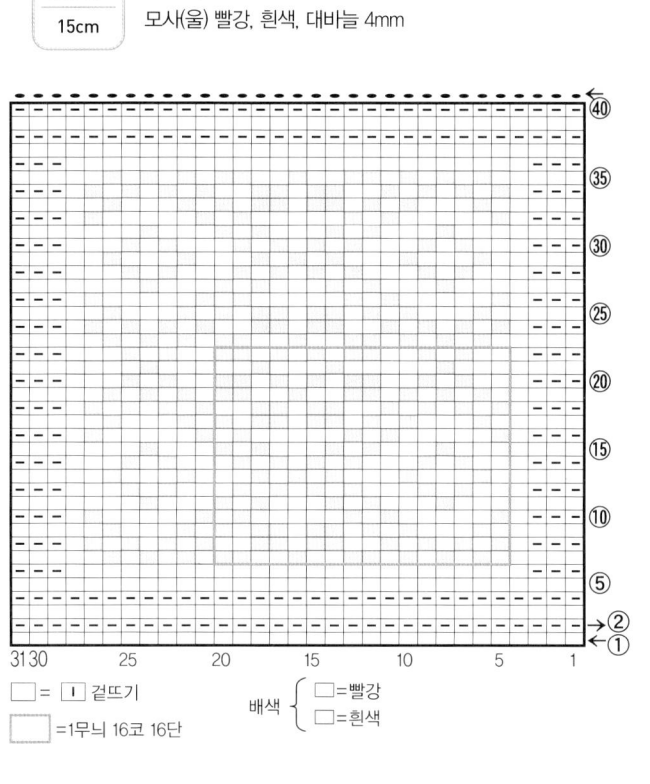

☐ = Ⅰ 겉뜨기
☐ = 1무늬 16코 16단
배색 { ☐=빨강 / ☐=흰색 }

160
15cm
Photo p.145
모사(울) 흰색, 빨강, 대바늘 4mm

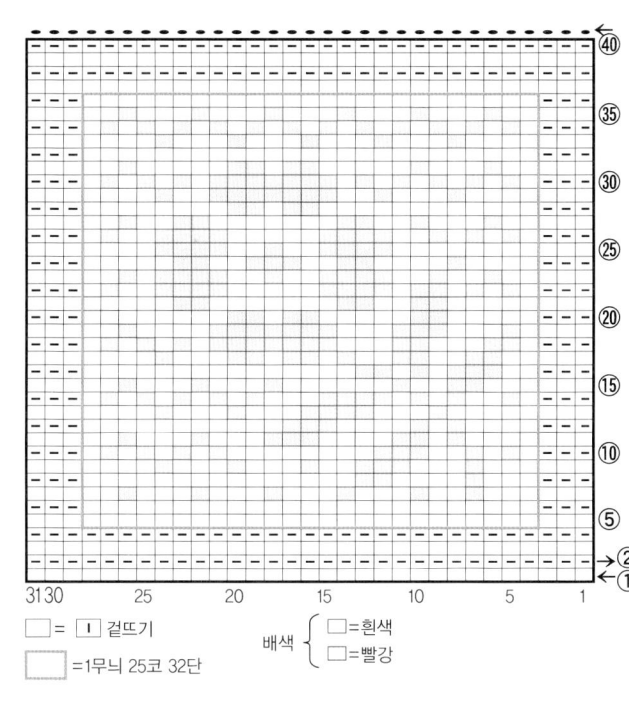

☐ = Ⅰ 겉뜨기
☐ = 1무늬 25코 32단
배색 { ☐=흰색 / ☐=빨강 }

161
15cm
Photo p.145
모사(울) 흰색, 빨강, 대바늘 4mm

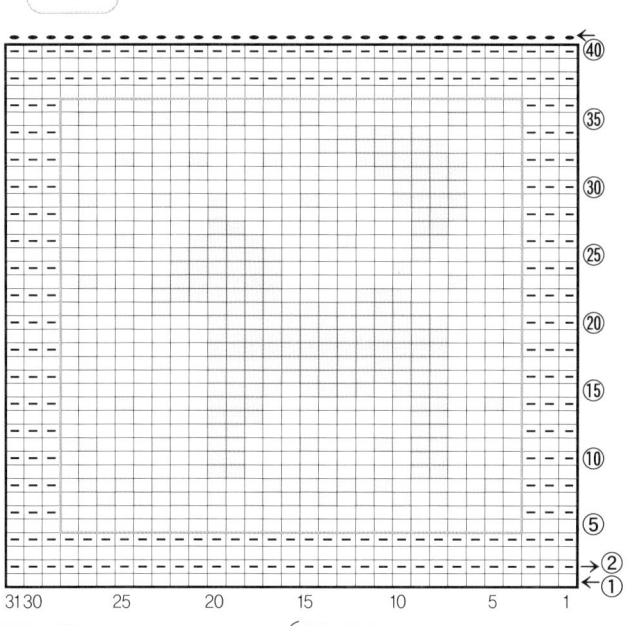

☐ = Ⅰ 겉뜨기
☐ = 1무늬 25코 32단
배색 { ☐=흰색 / ☐=빨강 }

162
15cm
Photo p.145
모사(울) 빨강, 흰색, 대바늘 4mm

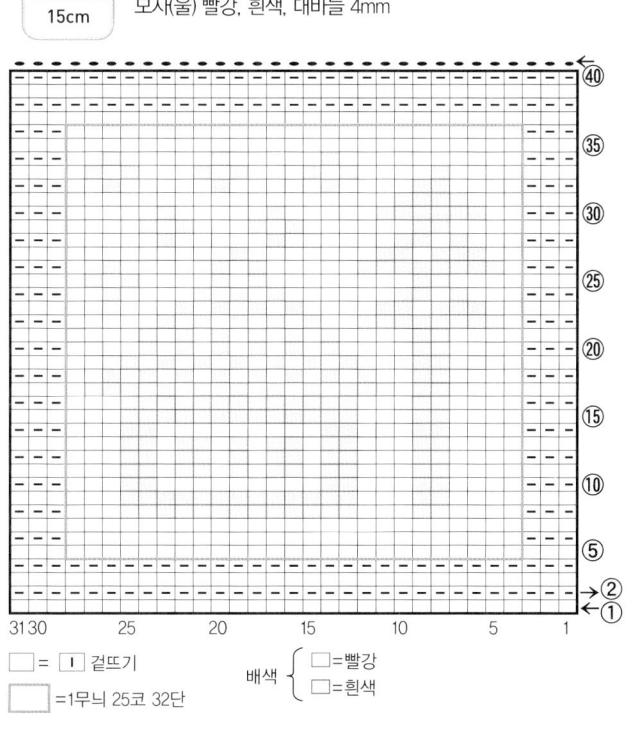

☐ = Ⅰ 겉뜨기
☐ = 1무늬 25코 32단
배색 { ☐=빨강 / ☐=흰색 }

163
20x15cm

164
20x15cm

뜨는 법＊P.150 design/making 가와이 마유미

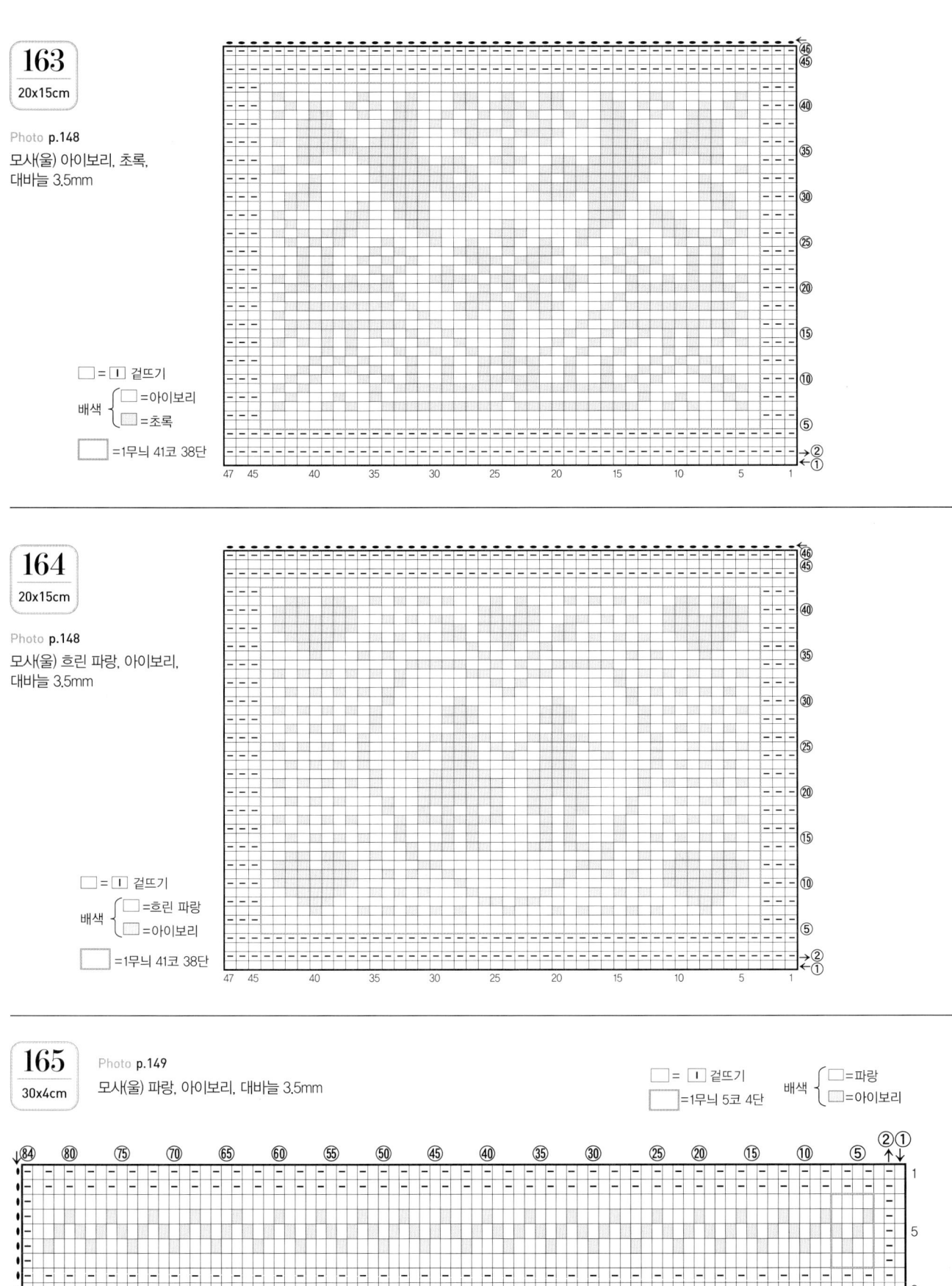

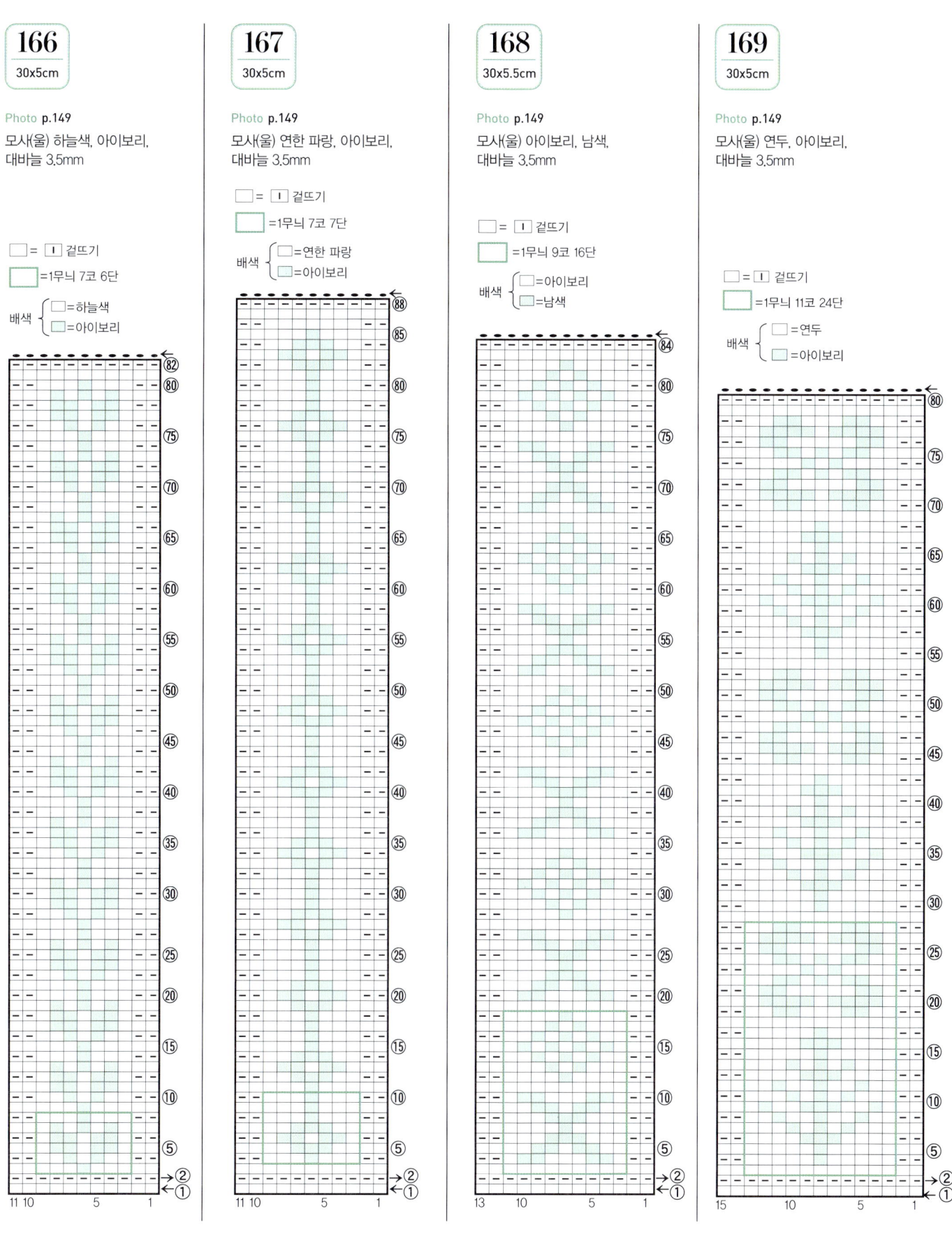

170
20x15cm

171
20x15cm

뜨는 법＊P.154 design/making 엔도 히로마

뜨는 법*P.154-155　design/making 엔도 히로미

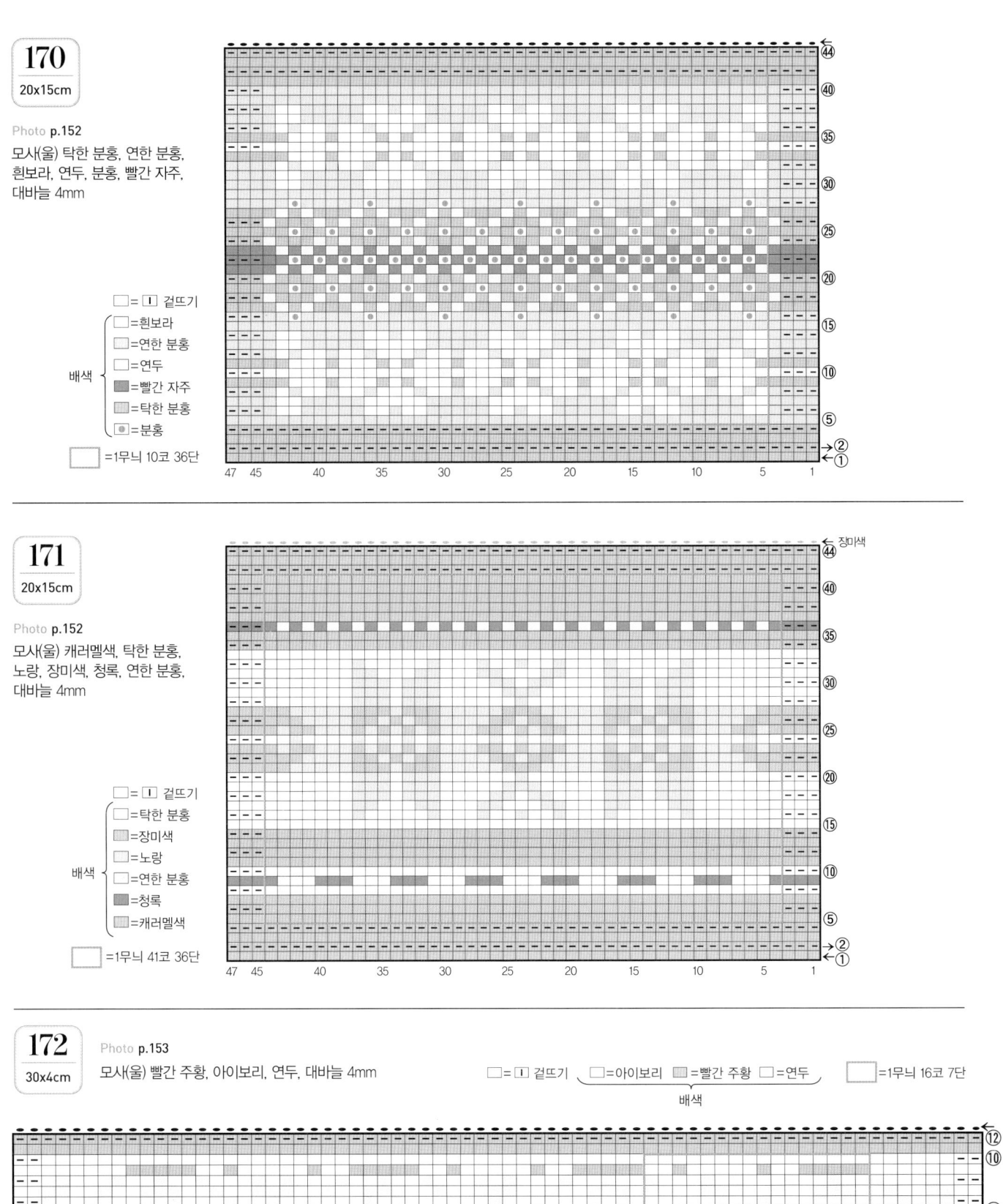

173
30x6cm
Photo p.153
모사(울) 갈색, 연한 파랑, 빨강, 대바늘 4mm

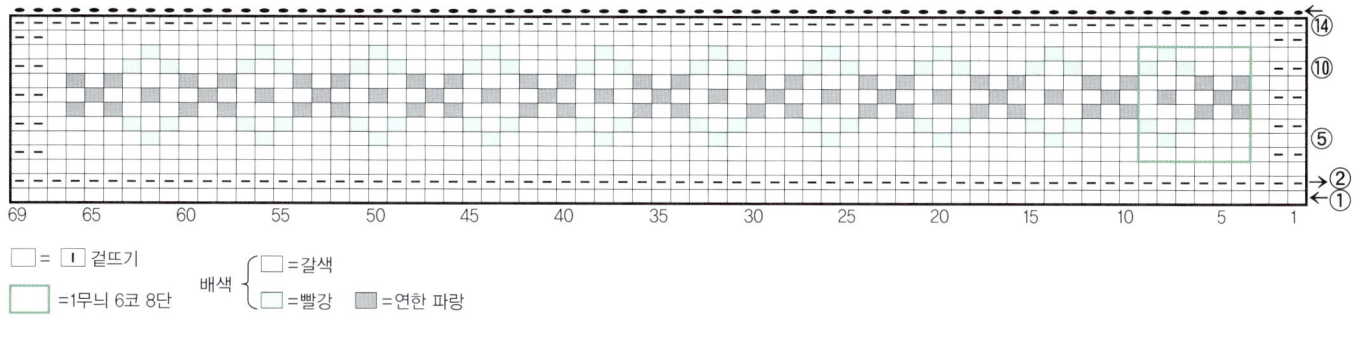

□=Ⅰ겉뜨기　　배색 { □=갈색, □=빨강, ■=연한 파랑 }
□=1무늬 6코 8단

174
30x6cm
Photo p.153
모사(울) 노랑, 갈색, 연한 분홍, 분홍, 장미색, 대바늘 4mm

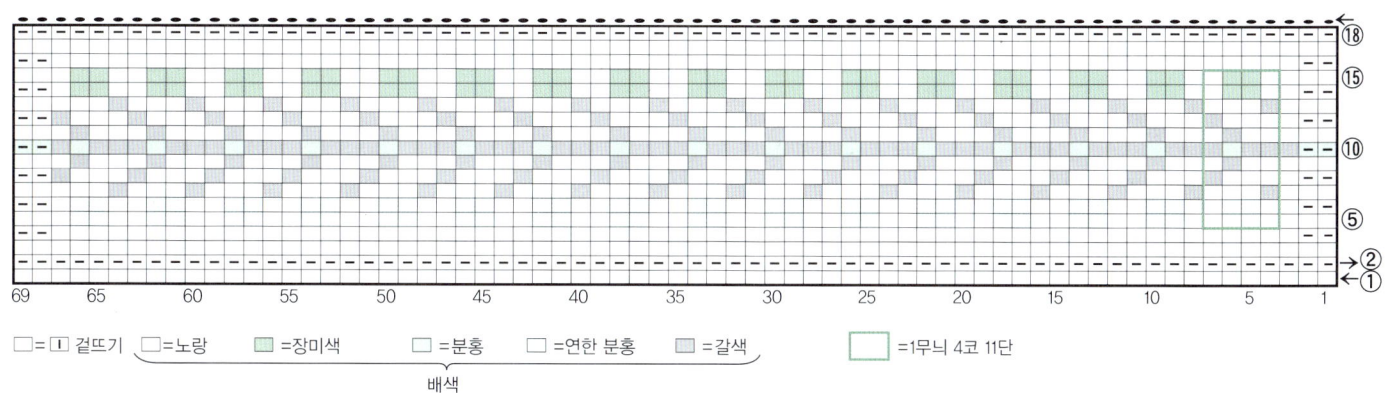

□=Ⅰ겉뜨기　□=노랑　■=장미색　□=분홍　□=연한 분홍　■=갈색 (배색)　□=1무늬 4코 11단

175
30x9cm
Photo p.153
모사(울) 캐러멜색, 빨강, 탁한 분홍, 연한 분홍, 진한 노랑, 초록, 대바늘 4mm

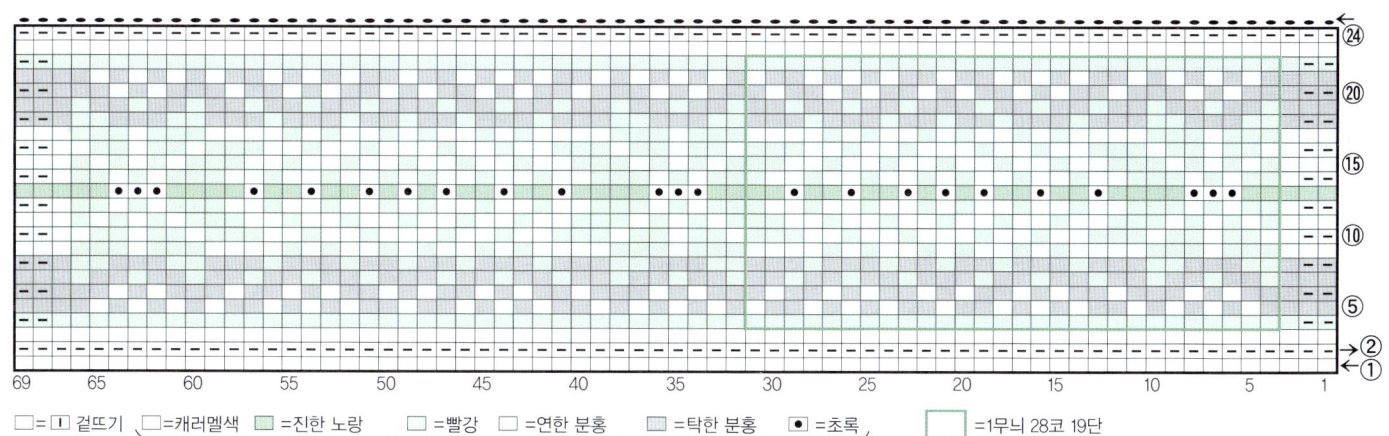

□=Ⅰ겉뜨기　□=캐러멜색　■=진한 노랑　□=빨강　□=연한 분홍　■=탁한 분홍　●=초록 (배색)　□=1무늬 28코 19단

PART 3　아가일 & 타탄 체크

영국의 전통적 무늬인 아가일과 타탄 체크 모티브를 소개합니다.
쿠션 등의 인테리어 소품이나 옷의 소맷부리 등에 넣으면 무척 세련되어 보여요.

176 / 30cm

뜨는 법＊P.158　design/making 료

$\underline{177}$
15cm

$\underline{178}$
15cm

$\underline{179}$
15cm

$\underline{180}$
15cm

뜨는 법＊P.159 design/making 미조하타 히로미

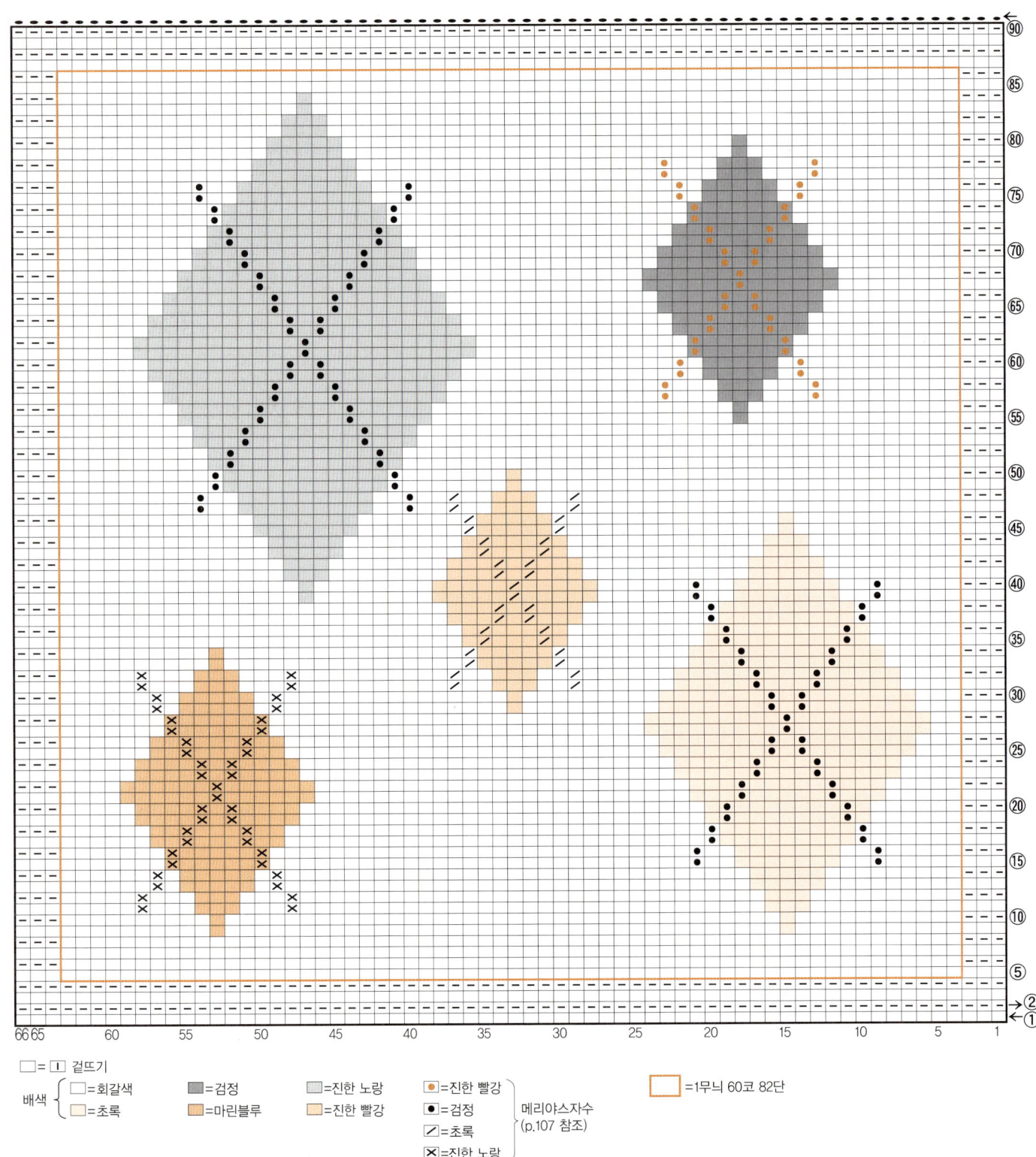

177
15cm Photo p.157
모사(울) 회갈색, 갈색, 빨강, 대바늘 3.5mm

□ = I 겉뜨기
배색 { □=회갈색, ▨=갈색, ▨=빨강 } ▢ =1무늬 18코 18단
● =빨강으로 빼뜨기(p.110 참조)

178
15cm Photo p.157
모사(울) 녹갈색, 밝은 연두, 갈색, 아이보리, 진한 노랑, 대바늘 3.5mm

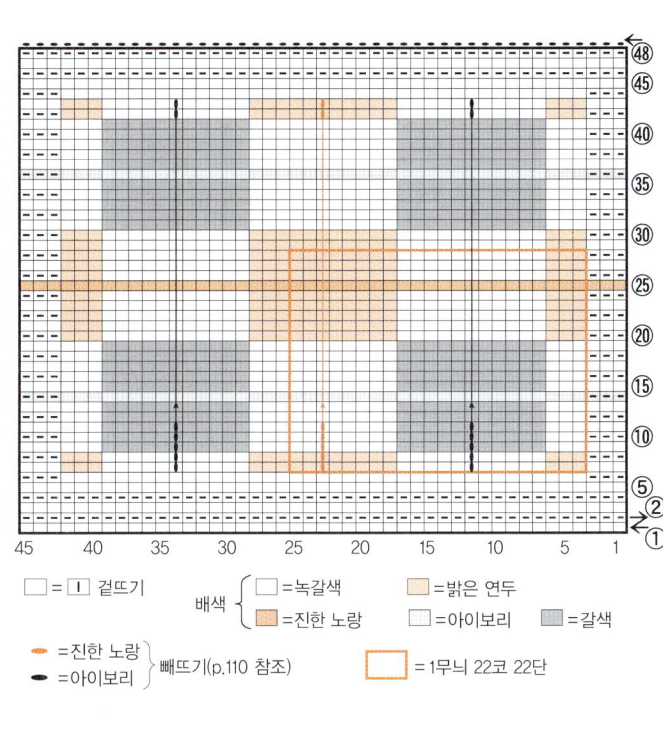

□ = I 겉뜨기
배색 { □=녹갈색, ▨=밝은 연두, ▨=진한 노랑, ▨=아이보리, ▨=갈색 }
● =진한 노랑
● =아이보리 } 빼뜨기(p.110 참조) ▢ =1무늬 22코 22단

179
15cm Photo p.157
모사(울) 갈색, 남청색, 진한 초록, 아이보리, 빨간 주황, 대바늘 3.5mm

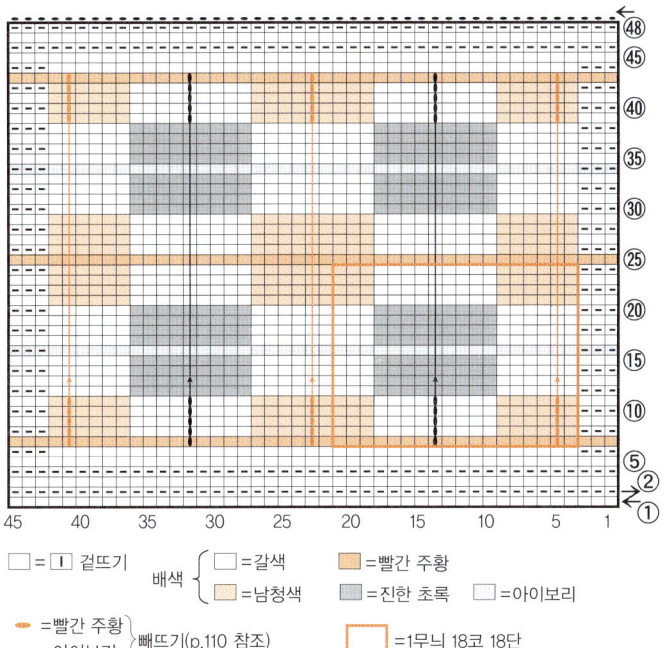

□ = I 겉뜨기
배색 { □=갈색, ▨=남청색, ▨=빨간 주황, ▨=진한 초록, ▨=아이보리 }
● =빨간 주황
● =아이보리 } 빼뜨기(p.110 참조) ▢ =1무늬 18코 18단

180
15cm Photo p.157
모사(울) 분홍, 탁한 분홍, 아이보리, 대바늘 3.5mm

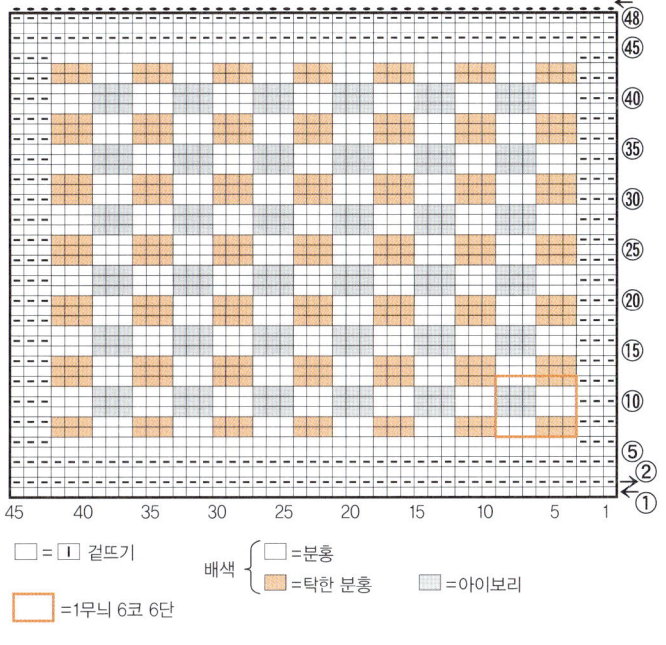

□ = I 겉뜨기
배색 { □=분홍, ▨=탁한 분홍, ▨=아이보리 }
▢ =1무늬 6코 6단

181 20x15cm

182 20x15cm

뜨는 법∗P.162 design/making 료

뜨는 법∗P.162-163 design/making 료

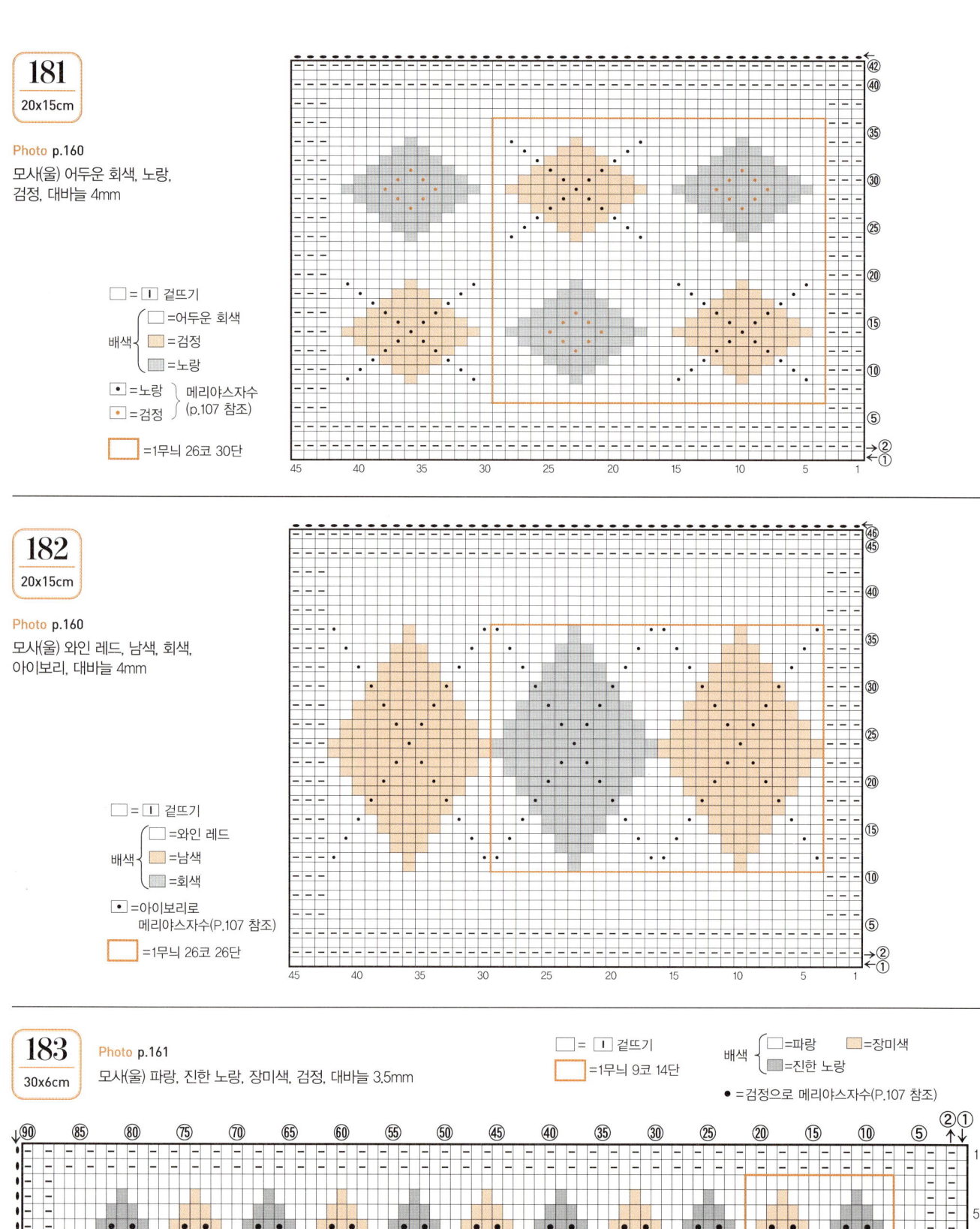

184
30x7cm

Photo p.161

모사(울) 남색, 아이보리, 밝은 연두, 진한 빨강,
대바늘 4mm

☐ =1무늬 11코 18단

☐ = I 겉뜨기

배색 { ☐ =남색
       ☐ =아이보리 }

○ =밝은 연두 } 메리야스자수
● =진한 빨강   (p.107 참조)

185
30x7cm

Photo p.161
Point Lesson p.103

모사(울) 진한 초록, 진한 노랑, 빨간 갈색,
어두운 회색, 대바늘 4mm

☐ =1무늬 11코 40단

☐ = I 겉뜨기

배색 { ☐ =진한 초록
       ☐ =진한 노랑   ☐ =빨간 갈색 }

○ =어두운 회색으로 메리야스자수(p.107 참조)

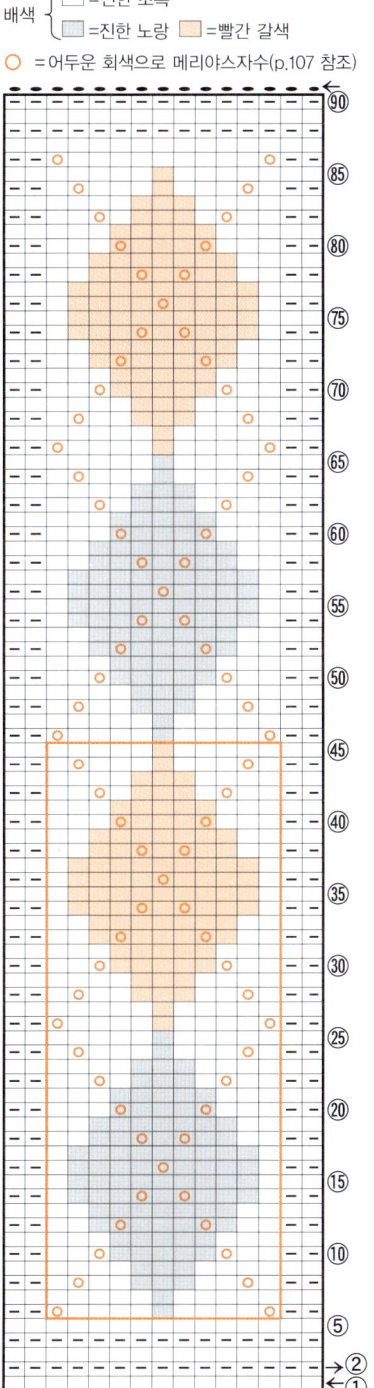

186
30x9cm

Photo p.161

모사(울) 어두운 회색, 검정, 아이보리, 대바늘 4mm

☐ =1무늬 14코 27단

☐ = I 겉뜨기

배색 { ☐ =어두운 회색   ☐ =검정
       ☐ =아이보리 }

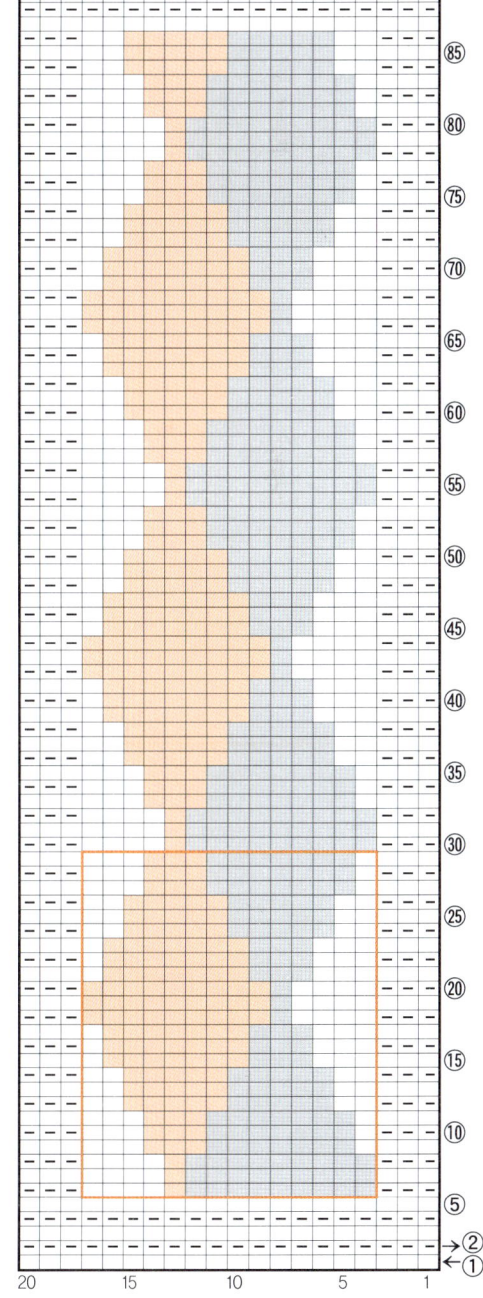

187 15cm

188 15cm

189 15cm

190 15cm

뜨는 법＊P.166　design/making 료

191
15cm

192
15cm

193
15cm

194
15cm

뜨는 법＊P.167　design/making 미조하타 히로미

187
15cm
모사(울) 흐린 갈색, 흐린 녹갈색, 어두운 회보라, 노란 분홍, 핑크 베이지, 대바늘 4mm

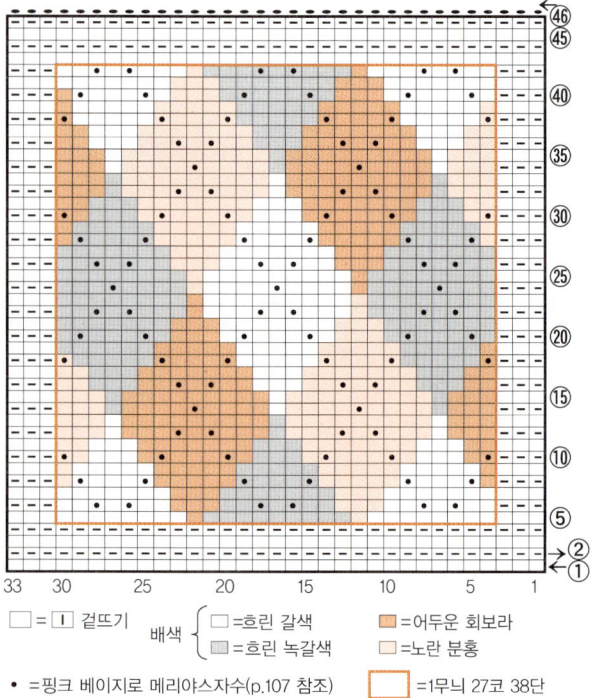

□ = ① 겉뜨기
배색 { □ =흐린 갈색, □ =흐린 녹갈색, ■ =어두운 회보라, □ =노란 분홍 }
• =핑크 베이지로 메리야스자수(p.107 참조)   □ =1무늬 27코 38단

188
15cm
모사(울) 흐린 남색, 흐린 녹갈색, 핑크 베이지, 대바늘 4mm

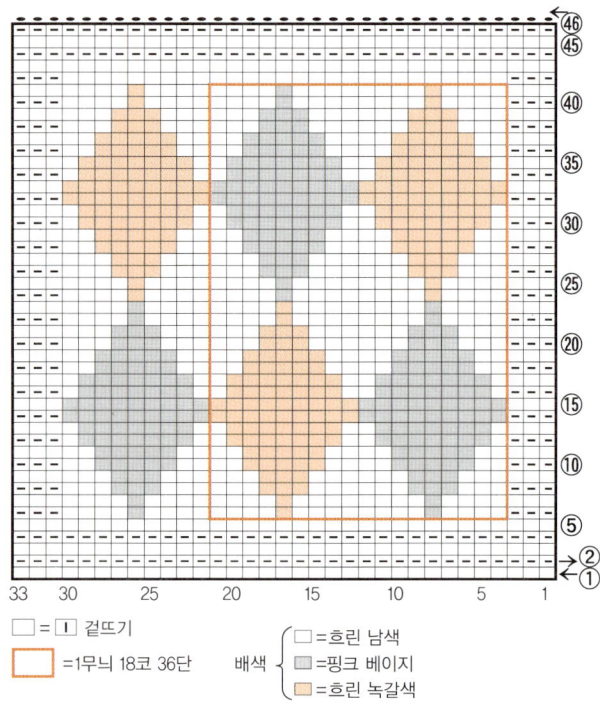

□ = ① 겉뜨기
배색 { □ =흐린 남색, □ =핑크 베이지, □ =흐린 녹갈색 }
□ =1무늬 18코 36단

189
15cm
모사(울) 아이보리, 검은 파랑, 하늘색, 어두운 회보라, 대바늘 4mm

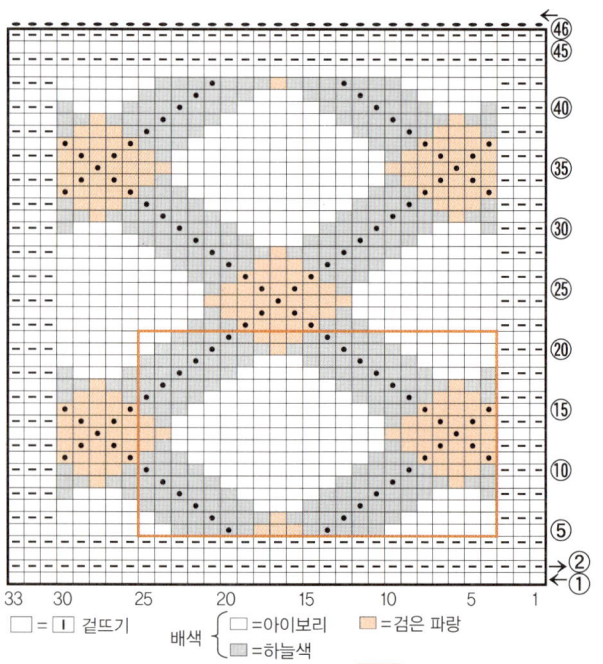

□ = ① 겉뜨기
배색 { □ =아이보리, □ =검은 파랑, □ =하늘색 }
• =어두운 회보라로 메리야스자수(p.107 참조)   □ =1무늬 23코 22단

190
15cm
모사(울) 흐린 녹갈색, 노란 갈색, 밝은 연두, 어두운 회보라, 대바늘 4mm

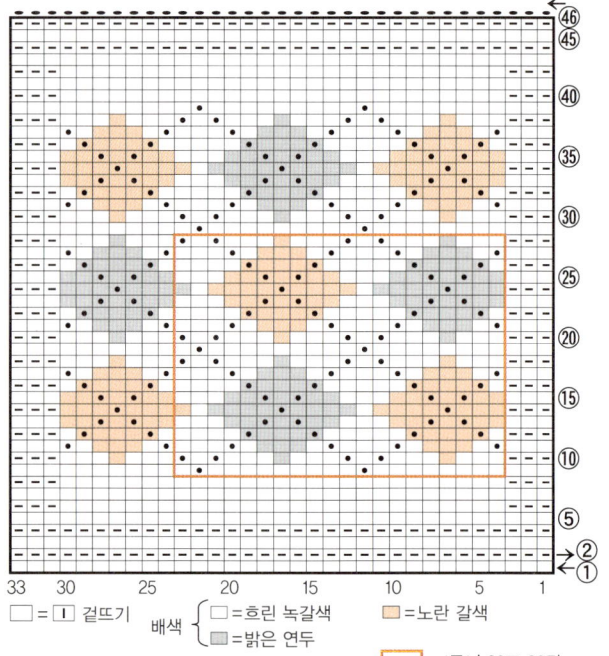

□ = ① 겉뜨기
배색 { □ =흐린 녹갈색, □ =노란 갈색, □ =밝은 연두 }
• =어두운 회보라로 메리야스자수(p.107 참조)   □ =1무늬 20코 20단

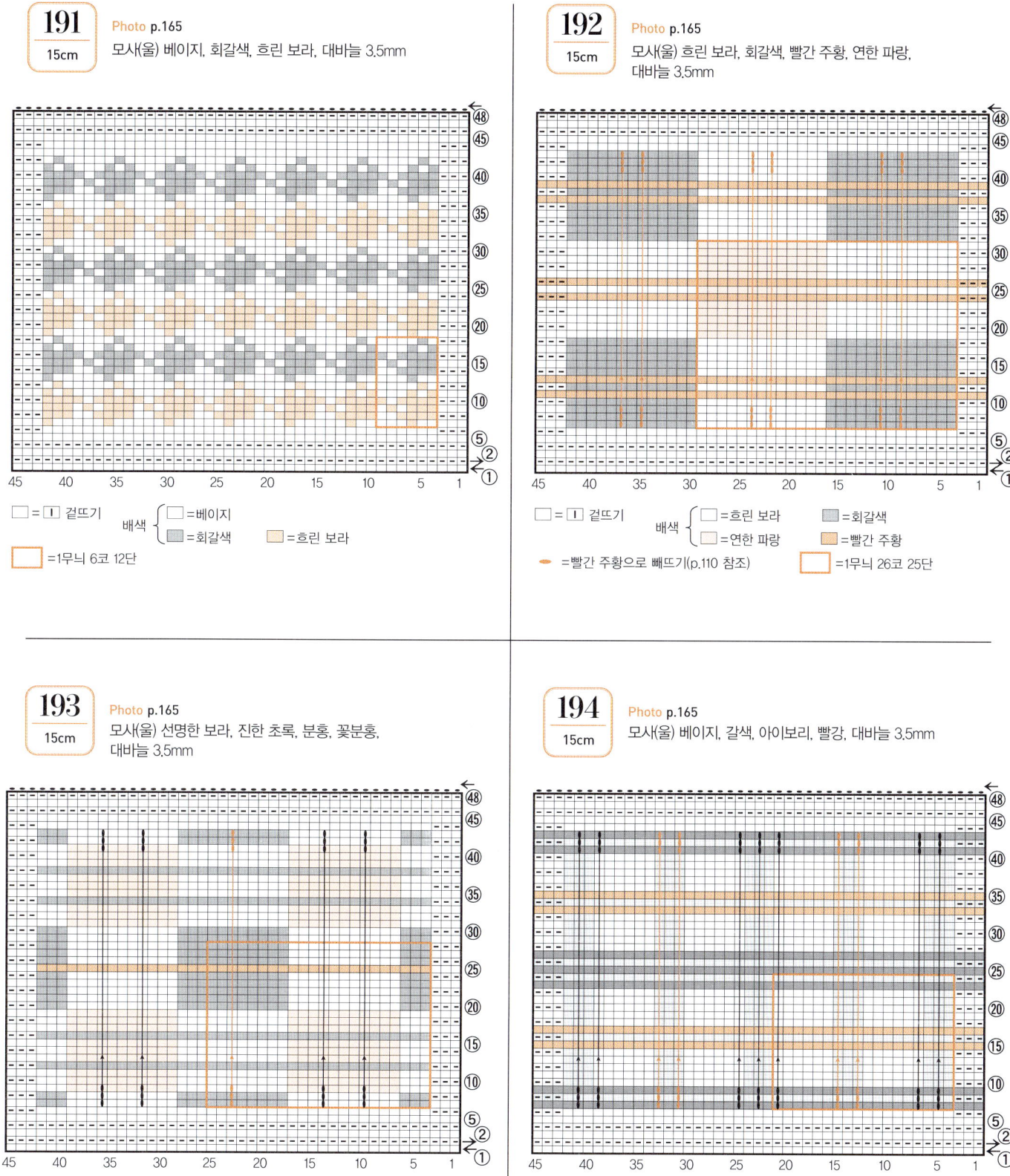

195
20x15cm

196
20x15cm

뜨는 법＊P.170　design/making 미조하타 히로미

뜨는 법＊P.170-171　design/making 미조하타 히로미

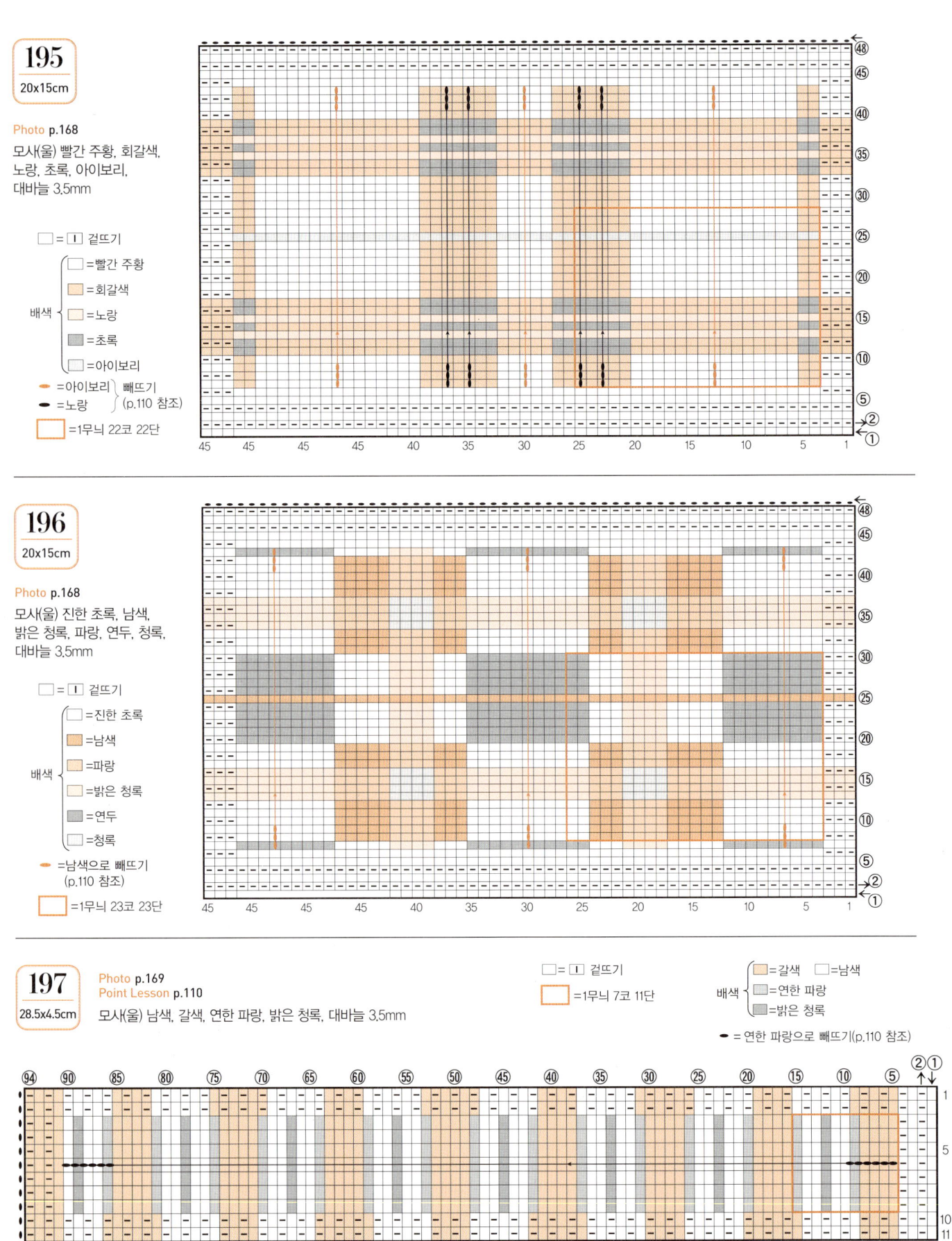

198
30x5cm

Photo p.169

모사(울) 아이보리, 연한 파랑, 밝은 연두,
연두, 대바늘 3.5mm

□ = ① 겉뜨기

□ =1무늬 4코 4단

배색 { □=아이보리 □=밝은 연두
        □=연두   □=연한 파랑 }

199
30x7cm

Photo p.169

모사(울) 초록, 빨간 주황, 밝은 연두, 회갈색,
대바늘 3.5mm

□ = ① 겉뜨기

□ =1무늬 15코 10단

배색 { □=초록   □=회갈색
        □=빨간 주황   □=밝은 연두 }

●=빨간 주황
●= 회갈색 } 빼뜨기(P.110 참조)

200
32x7.5cm

Photo p.169

모사(울) 갈색, 회색, 회갈색, 대바늘 3.5mm

□ = ① 겉뜨기

□ =1무늬 6코 12단

배색 { □=회갈색
        □=갈색
        □=회색 }

북유럽 모티브 손뜨개 완전판

초판 1쇄 | 2025년 11월 13일
초판 4쇄 | 2025년 11월 24일

지은이 | applemints
옮긴이 | 남궁가윤

펴낸이 | 서인석
펴낸곳 | 제우미디어
출판등록 | 제 3-429호
등록일자 | 1992년 8월 17일
주소 | 서울시 마포구 독막로 76-1 5층
전화 | 02-3142-6845
팩스 | 02-3142-0075
홈페이지 | jeumedia.com

ISBN 979-11-6718-592-1 13590
※파본은 구입하신 서점에서 교환해 드립니다.

제우미디어 트위터 twitter.com/jeumedia
제우미디어 인스타그램 instagram.com/jeumedia

만든 사람들
출판사업부 총괄 김금남 | **책임편집** 민유경
기획 신은주, 장재경, 안성재, 최홍우 | **제작** 김용훈
디자인 총괄 올컨텐츠그룹